김상곤의
교육 편지

김상곤의 교육편지
© 김상곤 2012

초판 1쇄 인쇄 2012년 7월 13일
초판 1쇄 발행 2012년 7월 20일

지은이 김상곤
펴낸이 이기섭
기획편집 최광렬
마케팅 조재성 성기준 정윤성 한성진 정영은
관리 김미란 장혜정

펴낸곳 한겨레출판(주) www.hanibook.co.kr
등록 2006년 1월 4일 제313-2006-00003호
주소 121-750 서울시 마포구 공덕동 116-25 한겨레신문사 4층
전화 02)6383-1602~3 **팩스** 02)6383-1610
대표메일 book@hanibook.co.kr

ISBN 978-89-8431-598-3   03370

행복한 교육을 꿈꾸는 이들께

김상곤의 교육 편지

김상곤 씀

한겨레출판

새로운 교육을
꿈꾸는 분들께

지난 6월 10일은 1987년 6월 민주화 운동이 25주년을 맞는 날이었습니다. 이날 오후 서울 시청 앞 광장에서 '우리 승리하리라' 라는 공식 기념행사가 열렸고, 저는 베이스 파트장을 맡아 전국에서 모인 610명의 시민 합창단원들과 함께 무대에서 노래 공연을 했습니다. 젊은 시절부터 한평생 동고동락했던, 이제는 백발이 성성한 7·1동지회 분들도 함께하는 자리였습니다. 〈얼굴 찌푸리지 말아요〉와 〈그날이 오면〉을 부르고, 이어서 〈아침 이슬〉을 시민들과 함께 부르는데, 갑자기 무언가 뜨거운 것이 목울대와 눈시울로 울컥 밀려들었습니다.

돌아보면 40년 세월입니다. 그것은 세상의 진정한 진보와 발전을 염원하며 격동의 현대사를 온몸으로 살아오신 분들의 한결같은 신념과 열정에 대한 감동이기도 했고, 그때의 문제의식이 형태를 달리했을 뿐 이 시절에도 본질은 여전하다는 것에 대한 깊은 회한과 안타까움이기도 했습니다. 이렇게 함께 노래 부르는 우리의 '일관된 삶' 에 대해 뒤풀이 자리에서 애써 서로를 위로했지만, 아직도 공정하고 정의로운 세상을 만들어 내지 못한 데 대한 쓸쓸함과 아쉬움을 감출 수 없었습니다.

서구 사회가 시민혁명 이후 제대로 된 정권 수립을 통해 혁명을 완성했던 것에 비해, 우리는 때로는 더 큰 희생을 치르고서도 만족할 만한 민주주의 체제를 만들지 못했습니다. 어쩌면 지금의 왜곡된 정치·경제·사회 구조 또한 미완의 시민혁명이 끼친 여파라고 볼 수 있습니다. 물론, 교육도 마찬가지입니다.

25년 전 6월 항쟁 당시에는 저 또한 교수로서 지식인 운동을 통해 시민혁명의 성공을 위해 최선의 노력을 다했다고 생각했는데, 돌이켜보면 온통 아쉬움뿐입니다. 1986년 6월 2일, '전국대학교수단' 의 이름으로 〈우리의 뜻을 다시 한 번 밝힌다〉라는 비장한 제목의 교수 민주화 선언을 발표할 때 저는 삼십대의 새파란 교수에 불과했습니다. 그때 김수행, 정운영 교수 등과 함께 선언문의 초안을 만들고 교수들의 참여를 호소해서 어렵게 발표한 선언이 국민들의 광범한 호응 속에서 1987년 민주항쟁의 기폭제와 밑거름 노릇을 하는 것을 보면서 느꼈던 뿌듯함이 생각납니다.

그러나 참으로 아쉽게도 6월 항쟁은 끝내 한국 민주주의의 실질적 변화로 귀결되지 못했습니다. 지금의 불완전한 민주주의와 극단의 양극화가 진행되는 불평등한 경제 또한 미완의 시민혁명이 빚은 결과물이라는 생각을 하면 그때가 참으로 아쉽습니다. 역사에서 가정만큼 무의미한 것이 없다지만, 그때 모든 사람들이 좀 더 낮게, 좀 더 치밀하게, 좀 더 헌신적으로 연대하고 투쟁하면서 제대로 된 민주주의 체제를 만들어 냈어야 했습니다. 만약 그러했다면, 우리 사회는 지금보다는 훨씬 더 '더불어 살아가는 행복한 민주공화국'에 근접해 있을 것입니다.

교육감으로 일을 하면서도 늘 그때를 생각합니다. 교육 혁신에 대한 절박한 시대적 요구를 누구보다 잘 알고 있으면서도 과도한 조급함, 혹은 몇몇 가시적이고 단편적인 성과에 대한 자족감 때문에 사람들 마음을 움직여야 하는 혁신의 본질을 놓칠까 봐 두렵습니다. 제 무능이나 불찰과 같은 어리석음이나 게으름 때문에 수많은 분들의 희생과 헌신, 그리고 노력으로 힘겹게 쌓아 온 '혁신'의 가치를 조금이라도 해하는 일이 생길까 봐 몇 번을 다시 생각하고 살피게 됩니다.

부모님,
그리고 나의 청춘

돌아보면 살면서 참 많은 분들의 은혜를 입었습니다. 물론 좌절과 절망의 시절이 없었을 리 없지만, 신기하게도 깊고 크게 고통스러웠던 순간에는 꼭 그만큼 깊은 공감과 연대가 있었고, 그만큼 큰 사랑과 우정, 그리고 고마움이 함께했습니다. 그래서 '아름다운 고통'은 행복이라는 동전의 이면이 되나 봅니다.

저는 어린 시절을 광주에서 보냈습니다. 아버님은 기능직 공무원이셨고, 어머님은 하숙을 치면서 자식들 뒷바라지를 하셨습니다. 두 분 모두 공부를 많이 하신 분들도 아니었고 집안 형편은 언제나 빠듯했지만, 언제나 당신들의 삶으로 자식들에게 배움을 주셨습니다. '배움'이나 '지혜'들은 꼭 제도 교육을 통해서만 얻을 수 있는 것은 아닙니다. 아버님은 말씀은 많지 않으셨지만 자식 교육에 매우 철저하신 분이었습니다. 자식에 관한 일이라면 아무리 하찮은 정보라도 작은 수첩에 세필로 깨알같이 기록하면서 자식들의 성장 과정을 살피셨습니다. 그러나 자식이 대학생이 된 이후에는 당신의 의견보다는 자식들의 생각과 판단을 존중해 주셨습니다. 대학 시절 제가 그 험한 운동의 길에 들어섰을 때, 부모로서 자식의 안위를 걱정하는 마음이야 남들과 같았겠지만, 끝내 말리거나 야단치지 않으셨습니다.

어머님은 지금도 생존해 계시는데, 모든 자식이 그렇듯이 지난 일을 돌아보면 마음이 아픕니다. 당시에 하숙은 어마어마한 가사 노동이 필요한 일이었는데, 대부분의 일은 오로지 어머님 몫이었습니다. 항상 바빠서 차분하게 마주앉아 대화할 시간은 많지 않았지만 빨래, 설거지, 야채 다듬기, 불 때기 같은 집안일을 도우면서 틈틈이 나눈 이야기의 느낌이 참 좋았습니다. 이런저런 작은 이야기들을 통해 어머님으로부터 제게 전해졌던 사랑과 믿음의 힘을 생각합니다. 그때의 따뜻한 정서는 지금도 제 삶의 영원한 정신적 안식처입니다.

1969년, 대학에 입학했습니다. 어른이 되어서 문득 제가 마주친 첫 세상은 부조리한 독재 권력과 자본에 의해 신음하는 세상이었고, 제 젊은 가슴은 정의로운 세상에 대한 열망으로 곧바로 타올랐습니다. 많은 경우, 시대가 개인의 삶을 규정해 버립니다. 연애와 여행, 사색과 낭만, 예술과 학문 대신에 분노와 토론, 집회와 시위 등 학생 운동이 제 일상의 중심이 되었습니다. 당시의 우리에게는 민주주의나 자유, 평등과 같은 평범한 낱말조차 '펄떡펄떡 살아 숨 쉬는 생명의 언어'였습니다. 그런 말을 나눌 때 우리의 가슴은 언제나 아리거나 벅차올랐습니다.

제가 대학에 다녔던 1970년대 초반은 독재와 성장의 그늘에 가려진 정치적 탄압과 경제적 모순의 실체가 분명하게 드러나기 시작한 때입니다. 전태일 열사의 분신을 보고 크나큰 충격을 받은 우리는 한국 사회 후진성의 근본 원인을 알아보기 위한 공부를 했습니다. 또, 기층민의 희생에 바탕을 둔 성장 일변도의 경제가 지닌 한계를 극복하게 해 줄 대안적 체제나 정책에 대해서도 공부했습니다. 전태일 열사의 분신을 불러왔던 청계천 상가 노동자들의 열악한 노동 환경을 온몸으로 뛰어다니며 기록하기도 했고, 용두동 판자촌에서 살아가는 도시 빈민들의 고통스러운 삶의 실태를 조사하기 위하여 직접 그 동네에서 살았으며, 농민과 철거민들의 삶의 현장을 누비고 다녔습니다.

1971년, 서울대 총학생회장이었던 저는 교련 반대, 선거 부정 규탄, 중앙정보부 해체 등을 주장하는 반정부 시위의 주모자로 정권의 표적이 되면서 학교 안팎에서 도피 생활을 계속하다가 급기야 10월 15일, 중앙정보부에 연행되고 말았습니다. 그들이 제게 가했던 무시무시한 언어폭력, 신체적 고문은 지금까지도 떠올리기조차 고통스러운 기억입니다. 몸이 상하거나 정신 분열과 같은 후유증을 앓지 않은 것만도 지금 생각하면 천만다행인 상황이었습니다. 폭력과 고문은 육체적 흔적과 상처뿐 아니라, 의식과 무의식 모두에 '지워지지 않는 화인(火印)'을 남기기 마련입니다. 그래서 가장 반인륜적인 범죄가 됩니다.

지난 5월에 교육청에서 함께 일하시는 분들과 중국에 출장을 갔을 때의 일입니다. 일송정과 윤동주 생가를 둘러보고, 저녁 무렵에 연변 조선족 자치주 용정시에 있는 한 건물을 방문했습니다. 일제 강점기에 일본 총영사관으로 쓰던 건물이었습니다. 그 건물의 지하 감옥에서 당시에 독립운동가를 취조할 때 쓴 고문 시설과 도구를 보는데 갑자기 섬뜩한 공포가 밀려왔습니다. 비슷한 경험을 한 사람에게, 그곳은 지나간 '역사의 유적'이 아니라 '공포의 현장'이었습니다. 긴 세월이 흘러서 다 잊었다고 생각했는데, 그 현장을 보니 그때의 공포가 스멀스멀 되살아나는 느낌이었습니다. 그 트라우마는 아마 죽을 때까지 계속되겠지요. 제적, 강제 징집, 그리고 철책에서의 엄혹했던 군대 생활을 거치고 나서 다행히도 복학이 되어 대학을 졸업했습니다.

대학 졸업 후 일반 무역 회사에 취직했다가, 연구원 생활을 거쳐 1983년부터는 대학에 정착하게 되었습니다. 당시는 이렇다 할 조직화된 시민·사회 운동의 개념이 없던 때라, 군부독재의 반민주성과 정의롭지 못한 경제·사회 체제를 누구보다 잘 알면서도 그것을 개혁하기 위한 구체적인 실천에 뛰어들지 못했습니다. 당시에 가장 일반적인 방식은 정치권에 입문하거나 이른바 '재야인사'가 되는 것이었는데, 그것은 제가 잘할 수 있는 일이 아니라고 판단했기 때문이기도 했습니다.

교수로,
그리고 교육감으로

그리고 25년을 교수로 살았습니다. 교수 생활을 하는 동안 이 땅의 지식인으로서 사회와 교육의 민주화를 위해 제 나름대로 치열한 활동을 해오는 과정에서 정치 입문을 제안받기도 했지만, 한 번도 그에 응하거나 그에 대해 진지하게 고민하지 않았습니다. 사회, 경제, 교육 등 전 영역에 걸쳐 정치가 지닌 절대적 영향력을 잘 알고 있고 올바른 민주정치에 대한 갈망 또한 간절했지만, 그렇다고 그 일을 제가 나서서 해야 한다고는 생각하지 않았기 때문입니다. 보스 정치, 금권 정치로 상징되는 현실 정치판에서 어쩔 수 없는 정치적 타협을 거듭하는 정치인의 길보다는 지식인 운동을 통해 우리 사회의 앞길을 밝히는 일이 제게 주어진 사명이라고 여겼기 때문이기도 했습니다.

　그러던 제가 아무리 직접적인 정치와는 한 발 떨어진 '교육' 영역이라지만 주민의 직접 선거로 선출되는 교육감에 출마한 것은, 저의 개인적 판단과 선택이라기보다는 민주주의의 급속한 퇴행이라는 사태에 대한 많은 분들의 절박한 위기감의 표현이라고 보아야 할 것입니다.

2008년 광화문의 촛불이 사그라들고 서울시 교육감 선거마저 패배한 무기력한 상황에서 경기도 교육감 선거가 다가오자, 시민사회 진영이 경기도 내 대부분의 시민·사회 단체를 망라한 '경기교육희망연대'를 결성하고 교육감 후보를 물색하는 과정에서 제가 거론되었던 모양입니다. 20여 년 교수 운동을 해 왔다지만 대중에게 '인지도 제로'인 무명 교수에다 선거 경험도 전무한 저에게 광역 자치단체장 후보로 출마를 요구하는 상황 자체가 참으로 딱했습니다. 저는 "나는 적임자가 아니니 다른 후보를 물색해 달라"고 요청했지만, 급기야 제가 몸담고 있던 '민주화를 위한 전국교수협의회'와 '전국교수노동조합'의 집행부에서 조직적 결정으로 저의 출마를 요구하는 상황에 이르러서는 출마를 결심할 수밖에 없었습니다. 두 교수 단체의 태동에 관여했을 뿐 아니라 대표까지 역임했던 저로서는 두 조직의 역사가 곧 제 삶의 역사이기도 했거니와, 지식인의 사회적 책무에 대한 열정과 헌신성과 통찰력을 지닌 동료 교수들의 판단을 존중하지 않을 수 없었습니다.

하지만 출마 당시에는 선거 승리를 예측한 사람은 아무도 없었습니다. 전망보다는 의미가 먼저였습니다. 극단적인 양극화와 특권 교육으로 교육의 공공성이 심각하게 훼손되는 현실을, 교육 개혁을 통해 그것을 바로잡을 필요성을 국민에게 알려야 했습니다. 내부적으로는 민주 시민사회 진영의 결속을 다져야 했습니다. 2008년의 서울시 교육감 선거에서 '촛불정국'이라는 절대적으로 유리한 상황을 등에 업고서도 색깔론에 휘말려 '리틀MB'로 불리던 공정택 교육감에게 승리를 넘겨주던 모습을 지켜본 경험을 반면교사로 삼았습니다.

그러나 이상은 달콤하지만 현실은 언제나 차가운 법입니다. 아무리 통찰력, 열정과 헌신성이 뛰어난 교수들이라 할지라도 현실 상황에서는 선거 한번 치러 본 경험이 없는 어쩔 수 없는 '백면서생'들입니다. 지금도 그 막막했던 때의 삽화가 선명하게 떠오릅니다. 선거일인 4월 8일을 한 달 남짓 앞둔 3월 9일 예비후보 등록을 마치고서 선거 사무실조차 없는 상태에서 몇몇 교수들이 음식점과 찻집에 모여 '선거 대책'을 의논하는데, 도대체 무슨 일부터 시작하고 누구를 만나야 하는지 아무도 말을 하지 못했습니다. 서로 얼굴만 멀뚱히 쳐다보면서 몇 마디 말을 주고받으며 식어 가는 찻잔을 만지작거리는데, 이런 '아마추어'들의 힘으로 과연 선거를 치러 낼 수 있을지조차 의심스러웠습니다. 그러나 얼마 지나지 않아 우리는 확실히 힘을 얻었습니다. 교육 개혁에 대한 도민들의 갈망이 피부로 느껴졌습니다. 길거리와 현장에서 몸으로 겪은 생생한 경험은 골방의 학습과 토론보다 몇 배나 힘이 센 법입니다. 우리는 결국 교육감 선거에서 승리하는 '기적'을 이루었습니다. 그리고 1년 2개월 뒤에 치러진 2010년 6월 지방선거에서 재선되면서 혁신교육정책을 지속적으로 추진해 나갈 힘을 얻었습니다.

혁신교육정책과
새로운 교육 패러다임

교육감이 되고 나서 제가 실현하려고 애쓴 핵심 정책들, 이를테면 '무상급식'과 '인권조례', '혁신학교' 등이 많은 한계와 비난에도 불구하고 우리 사회와 교육 전반의 '복지와 인권, 그리고 교육' 담론으로 확장되면서 새로운 지평과 문화를 여는 계기로 작동하게 된 것은 참으로 과분하리만치 고마운 일입니다.

2009년 5월 6일, 천이백만 도민과 이백만 학생과 11만 교직원이 있는 세계 최대의 교육자치단체인 경기도 교육청에 혈혈단신으로 들어올 때, 무엇보다도 과연 이 거대 조직과 제가 제대로 결합해서 일을 해낼 수 있을지 걱정스러웠습니다. 더욱이, 1년여의 짧은 임기를 가진 교육감이 과연 무엇을 해낼 수 있을지 염려하거나 의심하는 분들도 많았습니다. 시간이 없었습니다. 그렇다고 조급하게 몰아쳐서 될 일도 아니었습니다. 3개월 안에 조직 속에 연착륙하지 못한다면 모든 기회는 물 건너갈 것이라는 생각을 했습니다. 결국, 제가 선택한 것은 끊임없는 대화와 토론이었습니다. 행정 관료로서 상대가 가진 경험과 전문성을 존중하면서, 그분들 속에 잠자고 있던 '교육적 열정'을 깨우고자 했습니다.

공무원 조직인 '관료제'를 부정적으로 바라보는 분들이 많습니다. 확실히, 관료 체제는 '권위적인 상명하달의 관행과 무사유의 복종'이라는 문화 속에 그들만의 세계를 공고히 구축하고서 개혁과 공익에 반하는 작용을 하기도 합니다. 그러나 다른 한편으로, 관료 체제가 효율을 위해 오랫동안 업무 처리 시스템을 정교하게 가다듬어 왔다는 것 또한 분명한 사실입니다. 결국, 관건은 이러한 업무 처리 노하우와, 개혁에 대한 신념과 열정이 맞물리게 하는 것입니다. 행정 체제가 '마음'을 내면 생각 이상으로 큰 시너지 효과를 발휘하게 됩니다. 다행히, 교육청에 계시는 많은 분들이 '무상급식', '인권'과 같은 이전에 경험하지 못한 낯선 정책 의제들까지 자기 일로 받아들여 주셨습니다. 게다가, 의회와 정부·여당과 보수 언론 등의 집중적인 반대 기류가 역으로 내부 결속을 강화하는 긍정적인 힘으로 작용한다는, 뜻밖의 소득까지 누릴 수 있었습니다.

이런 과정을 거쳐 추진된 무상급식과 학생인권조례 정책은 2009년 한국 사회와 교육에 커다란 쟁점으로 떠올랐습니다. 단 몇 달 동안 신문 사설에서 제가 40번이 넘게 거론되었다고 합니다. 저와 우리 교육청의 혁신 정책은 거의 하루도 빠짐없이 언론에 등장하고 도마에 오르고 시빗거리가 되었습니다. 많은 언론과 인사들이 제가 추진한 무상급식, 학생인권조례, 일제 고사 반대, 시국 선언 교사에 대한 징계 유보 등이 교육을 정치판으로 만들어 놓았다고 맹렬히 비난했습니다. 부잣집 아이든 가난한 집 아이든 예외 없이 보편적으로 급식을 제공하겠다는 무상급식 정책은 '좌파 포퓰리즘'이라는 비난의 표적이 되었습니다. 2009년 7월, 한나라당(당시) 의원들이 절대 다수이던 경기도 의회에서는 우리 교육청이 제출한 무상급식을 위한 예산안을 부결시켰습니다. 하지만 그 후 "무상급식은 의무교육과 보편적 교육 복지의 일환"이라는 우리의 논리는 점차 공감대를 넓히면서 정치권으로, 다른 지역으로 퍼져 갔습니다.

체벌 금지, 두발 자유화, 강제 자율학습 금지를 비롯해 학생들의 인권을 보장하기 위한 경기도 학생인권조례는 지금도 우리 교육의 뜨거운 화두입니다. 정부의 시국 선언 교사 징계 요구에 '헌법에 보장된 표현의 자유'에 근거하여 징계를 유보한 결과로 교과부에 의해 고발당하고 검찰에 의해 기소되는 등, 저의 움직임 하나하나가 논란에 휩싸였습니다. 교육감으로 일한 초기 2년 동안 무려 열두 번이나 재판정에 서야 했습니다.

세상에 고통 없는 성장과 발전은 없습니다. 이러한 힘겨운 과정을 거치면서 많은 사람들이 우리 교육과 사회의 문제가 지닌 핵심을 간파하기 시작했습니다. 선생님들께서 기꺼이 교육의 주인으로 살아가겠다고 당당히 선언하기 시작했고, 학부모들이 발 벗고 나서기 시작했습니다. 진정한 교육자치의 실현 가능성이 곳곳에서 확인되었습니다.

무엇보다 다행스러운 일은, 이제 많은 이들이 교육감과 교육정책이 서로 다른 가치와 계층의 이익이 경합하는 교육 정치의 영역임을 깨닫기 시작했다는 것입니다. 교육을 교육감이나 교육정책과 무관한 행정과 효율의 영역으로만 여기던 기존의 인식을 뛰어넘어, 누가 어떤 정책을 펼치는가에 따라 커다란 차이가 발생하는 '선택의 영역'으로 재인식하게 된 것이지요.

저는 교육이 정치와 무관할 수가 없다고 생각합니다. 교육과 정치, 교육과 경제, 교육과 복지, 교육과 문화 등은 결코 별개의 문제가 아닙니다. 군부독재 시대에 교육이 철저하게 정권의 정치적 이해를 반영하는 도구로 쓰였던 사실을 기억해야 합니다. 교육을 정치와 무관한 교육계와 교육과정과 교실 수업만의 문제로 한정해 버리면 교육 문제를 풀기가 훨씬 더 어려워집니다. 좋은 교육은 언제나 건강하고 민주적인 정치 · 경제 시스템과 유기적으로 상호 작용하는 것이기 때문입니다.

내가 꿈꾸는
삶과 세상

제가 믿고 실천하고 싶은 삶의 원칙들은 사실은 특별한 것이 아닙니다. 인간이면 누구나 내면에 지니고 있는 겸양의 마음, 측은지심, 염치 같은 기본 덕목들이 자연스럽게 마음속에 깃들인 삶을 꿈꿉니다. 욕심을 조금 더 내자면, 올바른 역사의식을 바탕으로 냉철한 현실 인식 능력을 지닐 수 있기를, 그리고 이를 일상의 삶에 적용할 수 있는 용기와 지혜를 가질 수 있기를 바랍니다. 같은 시대를 살아가는 힘들고 어렵고 외롭고 가난한 이웃들의 아픔을 이해하고 나누는 적극적인 교감의 능력도 꼭 가졌으면 합니다. 교육감으로서는 '소통, 공감, 평등, 평화' 같은 가치들이 교육을 통해 우리 아이들 마음속에 삶의 원리로 자리 잡을 수 있기를 바랍니다. 이렇게 써 놓고 나니, 참 큰 욕심이다 싶기도 합니다.

　무엇보다 간절한 바람은 우리 아이들이 행복하게 공부하면서 올바르게 성장하는 것입니다. 또, 학부모들이 자식 키우는 기쁨을 충분히 누리는 것입니다. 우리 교육이 약육강식, 무한 경쟁의 전쟁터이기를 멈추고, 협력과 나눔과 평화와 배려가 넘치는 진정한 '선진 교육'으로 거듭나는 것입니다.

이 책에 실린 글들은 교육감 일을 시작한 이후 틈틈이 쓴 것들을 모아서 엮은 것입니다. 교육감 일이라는 게 잠시의 짬도 내기 어려울 만큼 일정이 빡빡해서 일부러 비우지 않는 한 독서와 집필을 할 한가한(?) 시간을 만들기 어렵습니다. 특히 제 입장에서는 언제나 빳빳한 긴장감을 놓지 못한 채 모든 것들을 살펴야 합니다. 제가 한 순간 무심코 저지른 과오나 실수로 수많은 사람들이 땀 흘려 쌓아 온 개혁의 가치와 성과가 훼손될까 봐 솔직히 두렵기도 합니다.

그러나 아무리 바빠도 책 읽기와 글쓰기, 그리고 깊이 있는 대화의 시간을 놓칠 수는 없습니다. 인간의 관성은 참으로 무서운 것입니다. 새로운 생각이 계속해서 흘러들지 않으면 생각은 녹이 슬고, 불필요한 고집과 권위는 더욱 강해집니다. 다행히도 저는 성격이 비교적 꼼꼼한 편입니다. 틈나는 대로, 하찮은 생각일지라도 되도록 빠짐없이 기록해 둡니다. 직원들이 모두 퇴근한 시간, 저녁 일정에 조금 여유가 있는 날에는 교육감실에서 독서를 하거나 글을 씁니다. 그렇게 쓴 글들과 교육 관련 중요 사안에 대하여 공식으로 발표한 글들 중에서 일부를 골라서 부끄럽지만 세상에 내놓습니다. 앞서 말씀드린 제 소망을, 새로운 교육을 꿈꾸는 분들과 나누고 싶었습니다. 못난 이 책이 그분들께 작은 희망이라도 품게 해 드릴 수 있다면 제게는 참으로 큰 기쁨이 될 것입니다.

산만하기 이를 데 없는 글들인데 한겨레출판에서 참으로 힘든 과정을 거쳐 '책의 꼴'을 만들어 주셨습니다. 고마운 마음을 어떻게 전해야 할지 모르겠습니다.

이 책의 서문을 쓰고 있는 이 순간, 갑자기 세찬 비가 후두둑 집무실 창문을 두드립니다. 애타게 기다렸던 달디 단 비가 축복처럼 내리고 있습니다. 백 년 만에 닥쳤다는 가뭄 때문에 온 나라가 힘들었습니다. 그동안 목말랐던 나무와 풀과 곡식들, 불볕더위에 지친 사람들의 환호성이 들리는 듯합니다. 제 마음도 한결 촉촉해지는 느낌입니다.

이 비로 싱싱하게 깨어나는 생명들처럼, 우리 교육과 우리가 사는 세상에도 행복한 기운이 가득 차오르면 얼마나 좋을까요?

2012년 6월 29일
단비 내리는 밤, 교육감 집무실에서
김 상 곤 올림

혁신교육은
희망의
교육입니다

혁신 교육과
새로운 대한민국을 위한
도전

한국 사회와 교육 현실,
그리고 혁신 교육

대한민국 사회가 풀어야 할 수많은 과제가 있지만 그중에서도 가장 시급하고 어려운 것이 교육 문제라는 생각을 하곤 합니다. 정치나 경제 문제보다 훨씬 더 해법이 복잡하고 어렵습니다.

학벌주의, 정글 법칙이 작동하는 비인간적 무한 경쟁, 양극화와 교육의 기회 불균등으로 상징되는 한국의 교육 현실은 계층과 지역, 정치적 지향의 차이를 넘어 우리 시대 모두의 고통이 된 지 오래입니다. 현재만이 아니라 우리 사회의 미래를 위협하기까지 합니다.

교육 현실이 주는 고통과 공교육에 대한 위기감은 한계에 다다른 것처럼 보입니다. 때로는 정치나 행정 영역보다 교육 영역에서 더 근본적이고 급진적인 개혁을 요구받는 독특한 상황입니다. 기존 질서의 손질이나 개선이 아니라 교육을 구성하는 시스템과 문화 전반을 완전히 일신해야 한다는 요구가 다양한 형식과 내용으로 사회 곳곳에서 강력하게 분출되고 있습니다.

이러한 국민적 정서와 요구는 교육정책에 대한 국민들의 직접 참여가 가능한, 교육감 직선제에 의한 지방교육자치 제도를 탄생시켰습니다. 이에 따라 2007년부터 광역 단위 자치단체 교육감은 주민 직선에 의해 선출되기 시작했고, 대한민국 헌법 제31조와 지방자치법, 지방교육자치법은 교육의 자주성, 전문성, 정치적 중립성을 통한 교육자치를 보장하고 있습니다.

그만큼 직선 교육감과 교육자치에 거는 국민들의 기대는 큽니다. 2009년, 비록 남은 임기가 1년 2개월로 짧기는 했지만, 교육감이 된 저는 교육 개혁에 대한 국민적 기대를 온몸으로 느끼며 일을 시작했습니다. 교육 혁신 정책을 적극적으로 제시하고 교육을 통해 미래 한국의 희망을 만들어야 한다는 사명감 앞에, 여전히 권위적·중앙집권적인 행정체제와 문화 등 본격적인 자치를 제약하는 수많은 현실의 벽은 걸림돌이라기보다 딛고 넘어서야 하는 디딤돌로 보였습니다.

저는 특권 교육을 넘어선 '모두가 행복한 교육'을 약속하며 교육감 일을 시작했습니다. 많은 분들은 이러한 저에게 '최초의 진보 교육감'이라는 별칭을 붙여 주셨습니다. '진보'적 교육 가치는 양극화와 특권화된 교육 현실, 신자유주의적 경쟁 논리, 입시 교육 등으로 피폐화된 한국의 교육 현실에 대한 진지한 성찰의 결과이자, 공교육 혁신에 대한 강렬한 기대감의 표현이라고 저는 독해했습니다. 경기 혁신교육이 절망적 교육 현실을 넘어 행복한 교육과 미래를 예감케 하는 새로운 '교육의 창'이 되도록 진정 최선을 다할 것을 다짐하고 또 다짐했습니다.

한국 경제는 그동안 엄청난 압축적 고도성장을 거듭해 왔습니다. 1인당 국민소득이나 산업구조 면으로 보면 이미 선진국 반열에 올라섰다고 말하는 분들이 많습니다. 구매력 기준으로 본다면 스페인이나 이탈리아, 뉴질랜드보다도 높고, 서비스 시스템이나 주요 제조업 생산 분야의 산업구조 면에서도 선두 그룹에 속합니다.

그러나 삶의 질은 국가의 경제력만으로 결정되지 않습니다. 단순히 경제가 성장한다고 국민들이 행복해지는 것은 아닙니다. 범죄나 수감자가 줄어들거나 사회 갈등이 해소되는 것도 아니며, 정치적 자유와 교육의 기회 균등 같은 가치가 저절로 실현되지도 않습니다. 심지어 경제성장을 위한 경쟁과 효율이 맹목이 되면 서로의 삶을 파괴하는 부작용이 나타나기도 합니다. 예컨대, 미국은 1인당 GDP는 높지만 인구 대비 수감자 수는 다른 선진국에 비해 5배 가까이 많을 만큼, 어느 면에서는 범죄가 많은 '바람직하지 않은' 선진국입니다. 1950년대에 비해 국민소득은 현저하게 늘어났지만 행복하다고 느끼는 국민들의 수는 현저히 줄어들었습니다. 미국 금융·경제 위기를 부른 경제 불평등과 낮은 수준의 복지가 낳은 안전망 없는 사회, 그리고 미국 고등학생들의 30% 전후에 이르는 높은 중퇴율 등은 미국 사회와 교육의 어두운 단면을 그대로 드러내고 있습니다.

한국 교육 또한 국민의 높은 교육열과 명석한 학생들의 높은 학업 성취 욕구, 그리고 세계 최고 수준이라고 인정받는 교사들의 역량과 헌신성을 기반으로 눈부신 양적 · 질적 성장을 이루어 왔고, 그 힘을 바탕으로 우리 사회는 더 높은 수준의 경제성장과 정치적 민주화를 달성할 수 있었습니다. 3년 주기로 발표되는 PISA와 같은 국제학력평가 결과에서 높은 순위를 유지하고 있고, 세계 최고의 고등교육 이수 비율을 보이는 것도 이러한 성장의 결과입니다.

그러나 한국 교육은 양적 성장에 치우친 나머지, 교육의 공공성과 사회적 신뢰가 바탕이 된, 질적으로 발전된 새로운 시대의 교육으로 나아가고 있지 못합니다. 이러한 한국 교육의 문제는 입시 교육, 사회적 양극화의 문제와 결합되면서 더욱 복잡한 문제를 낳고 있습니다. 한국 학생들은 세계에서 가장 많은 시간을 공부하고 가장 적은 시간을 자고 있습니다. PISA 평가를 주관하는 OECD 교육부장이 핀란드와 한국을 비교하면서 "핀란드는 숙제도 없이 학생들이 스스로 학업을 열심히 하고 선생님들은 그들의 뒤를 적극 지원하여 이런 성과를 얻었으나 한국은 심한 경쟁의 결과로 만들어졌다"며 한국 학생들의 높은 성적을 평가절하하기도 합니다. 심지어는 때로 비교육적인 인권침해가 발생해도 성적 향상과 성공적인 입시를 위해 문제들을 덮고 넘어가기도 합니다. 그리고 소외 계층의 자녀들은 학교교육에 성공적으로 적응하지 못하고, 미래에 대한 희망마저 보류당하고 있습니다. 교육이 희망의 사다리가 되기커녕 오히려 사다리를 걷어차는 요인으로 작용하고 있는 것이지요.

많은 학부모들이 노후 대비도 제대로 못 할 만큼 자녀 교육에 많은 돈을 들이고 있지만, 불공정한 경쟁 구조 때문에 성과를 얻기가 결코 쉽지 않습니다. 소득수준에 따른 교육 양극화와 사회 양극화는 갈수록 심화되고 있습니다. 부모의 소득수준이 아이들의 교육 수준을 결정하고, 교육이 사회의 양극화를 더욱 심화시키면서 사회 통합을 저해하고 있습니다. 전형적인 고비용 저효율 구조의 양상입니다.

이런 우리 교육 현실에 대해서 만족하는 사람은 많지 않습니다. 진보와 보수, 교사와 학부모, 경영자와 노동자를 막론하고 한국 교육이 바뀌어야 한다고 말합니다. 무언가 바꾸어야 한다는 절박감에 대해서는 우리 모두가 공감한다는 이야기입니다. 교육에 관한 요구는 더욱 다양해졌으나 과거의 교육 체제와 문화가 그대로 온존하는 것에 대한 답답함과 같은 정서적 불편도 한몫을 합니다. 하지만 문제 인식이 곧바로 올바른 개혁으로 연결되는 것은 아닙니다. 정책이나 제도만으로는 작은 것 하나 바꾸기도 어렵습니다. 모든 국민에게 고통을 안겨 주는 사교육비를 조금씩 줄이는 일조차 결코 쉽지 않습니다. 이러한 현실은 '죄수의 딜레마' 상황과 유사합니다. 더 큰 이익을 누릴 수 있는데도 작은 이익에 집착하다 모두가 패자가 되는 상황과 다를 바가 없으며, 이는 곧 교육 문제가 문화·풍토의 문제와 직결되어 있음을 의미합니다.

무한 경쟁 신화에 사로잡힌 신자유주의 경제와 교육 체제는 자칫 모두를 불행한 파멸로 몰아갈 수 있습니다. 경제 위기를 겪으면서 세계가 점차 깨닫고 있습니다. 복지가 선심이 아니라 공존과 예방을 뜻하듯이, 좋은 교육 또한 무한 경쟁을 통한 승자 독식이 아니라 협력과 나눔이며, 그것이 더 큰 '공부 경쟁력', '경제 경쟁력', '문화 경쟁력'이라는 점을 우리도 서둘러 깨달아야 합니다.

따라서, 우리 교육을 구성하는 패러다임의 변혁(paradigm shift)이 절실합니다. 이제 양적 성장의 교육 신화와 왜곡된 교육 상황으로부터 과감히 탈피해야 합니다.

교육 현장에 싱싱한 생명의 기운이 흐르게 함으로써 교육의 행복한 미래를 여는, 이러한 교육 패러다임 변혁의 지향과 과정을 아우르는 개념이 바로 '혁신교육'입니다. 혁신교육은 앞서 말씀드린 한국 교육의 질곡에서 벗어나 공교육의 질적 수준을 높이는 교육, 평화적이고 더불어 행복한 학교 문화를 꿈꾸는 교육입니다. 혁신교육은 행복한 배움을 통해 모든 학생이 차별 없이 자기 가능성을 실현하는 교육입니다. 창조적 상상력과 존중·배려의 능력을 발휘하여 자신의 삶을 개척함은 물론이고 온 인류의 발전과 평화에도 기여하는 학생을 길러 내는 것입니다. 따라서, 혁신교육은 교육 운동의 차원을 넘어 우리 사회 전반의 민주화와 개혁의 동력을 만들어 가는 사회 운동이자 문화 운동이기도 합니다.

저는 지난 3년간 혁신교육을 펼친 경험을 통해 당당하게 '교육의 희망'을 품게 되었습니다. 한국 교육의 무한한 잠재력과 교육 주체들의 역량, 그리고 변화에 대한 국민적 기대가 시너지 효과를 내면서 공교육의 변화 가능성에 대한 자신감을 얻었습니다.

그 대표적인 것이 혁신학교입니다. 공교육을 근본적으로 개혁하고 발전시키려는 모델인 혁신학교에서 많은 사람들이 '희망'을 보고 있습니다. 시작한 지 올해로 3년에 불과하지만, 교사와 학부모의 관심이 집중되면서 2012년 6월 현재 154개 혁신학교와 48개 혁신학교 예비지정교에서 지속 가능한 공교육 개혁 모델을 만들기 위한 헌신적 노력이 펼쳐지고 있습니다. 모범적인 혁신학교들에서는 제도와 예산, 정책 등 체계적인 지원 체제가 아직 미비한 상황에서도 열정과 능력을 겸비한 교사와 학부모 및 지역사회의 적극적인 참여를 이끌어 내면서 학교를 새롭게 탈바꿈시키고 있습니다. 이러한 현장의 뜨거운 교육적 열정과 행·재정적 지원이 효과적으로 결합되면 공교육의 질적 수준과 학교 문화를 현저하게 개선할 수 있으리라고 감히 확신합니다.

혁신교육의 의미는 교육 영역에 국한되지도 않았습니다. 무상급식과 학생인권조례의 사회적 의제화와 활발한 논의가 그 사례입니다. 무상급식은 교육의 권리와 의무에 대한 많은 사람들의 인식을 새롭게 함으로써, 공교육 개혁에 대한 사회적 합의를 만들어 가는 시발점이 되었습니다. 학생인권조례는 수많은 논란에도 불구하고 학생들의 자존감과 인권의식을 강화하고, 민주적 분위기 속에서 평화의 학교 문화를 구축해 가는 계기가 되고 있습니다. 이것은 혁신교육이 교육 영역을 넘어 보편적 복지와 인권, 정치·경제적 민주주의의 문제와 연결되면서 우리 사회 삶의 질을 높이는 기반이 되고 있다는 것을 의미합니다.

지난 몇 년간 무상급식 논란을 거치면서 복지 담론이 촉발되고, 수많은 논의와 토론을 거쳐 무상급식을 넘어 고교 무상교육과 유아교육비 지원, 대학 체제 개편과 반값 등록금에 관한 공약이 제시되는 등 정치권과 사회 각계각층에서 교육과 복지 문제를 놓고 공론화가 활발히 진행되고 있는 것은 참으로 반가운 일입니다.

그러나 혁신교육은 추진 과정에서 여러 가지 어려움을 겪기도 했습니다. 기존 교육의 문제점에 공감하면서도 개혁의 내용과 방식, 절차와 시기를 놓고 견해를 달리하는 다양한 개인과 집단 간에 논쟁이 벌어졌습니다. 그러나 이는 교육의 패러다임 변화에 따르는 불가피한 진통이자 현상이라고 생각합니다. 때로는 논쟁의 과정에서 혁신교육의 의미와 가치가 더욱 분명히 설명되기도 합니다. 다양한 공론화 과정은 혁신교육의 발전에 꼭 필요한 소중한 경험입니다. 그 과정에서 대안에 대해 치열하게 검토하고, 미래의 진취적 교육 방향에 대해 사회적 합의를 만들어 갈 수 있습니다.

혁신교육의 원리

혁신교육은 새로운 패러다임으로 우리 사회와 공교육이 직면한 문제에

답하려는 총괄적 혁신 운동입니다. 혁신교육은 공교육의 내용과 방법을 미래지향적으로 한 차원 높게 변화·발전시킴으로써 교육 현장에 새로운 바람을 불러일으켜야 합니다. 그를 위해, 혁신교육은 대체로 다음과 같은 몇 가지 분명한 철학적 관점과 원리를 바탕으로 하는 종합적인 교육 개혁 방안이 되어야 합니다.

첫째, 혁신교육은 무너진 교육 공공성의 가치를 구현하는 일입니다. 사회의 양극화와 교육의 특권화·서열화, 그리고 그로 인한 공교육의 마비 상황을 극복하고 모든 사회계층이 질 높은 공교육의 성과를 폭넓게 향유하도록 하고, 교육이 사회 전체의 건강성 회복에 기여할 수 있도록 해야 합니다. 이를 위해서는 교육의 내용을 발전시키고 학생들이 자주적으로 행복한 배움을 실현하도록 하는 것이 무엇보다 중요합니다. 공교육은 모든 학생에게 균등한 교육 기회를 제도적·문화적으로 제공해야 할 의무가 있습니다. 이는 궁극적으로, 균형 잡히고 다양성이 살아 있는 건강한 사회를 회복하는 데 교육이 적극적으로 기여한다는 것을 의미합니다. 사회적 소외 계층의 자녀일수록 학교교육에 적응하지 못하고 교육 기회에서 구조적으로 소외되는 상황은 명백히 비교육적입니다. 혁신교육은 교육의 실질적 평등을 추구하고 소외 계층 자녀들에게 균등한 교육 조건을 보장하기 위해 노력해야 합니다. 혁신교육은 우리 사회의 건강성 회복과 지식·문화 기반의 강화라는 사회적 책무를 가장 큰 가치로 삼아야 하는 것입니다.

둘째, 혁신교육은 교육의 내용 면에서 창의성의 가치를 실현해야 합니다. 창의성이 교육의 궁극적 목표 가운데 하나라는 것은 너무나 당연한 사실입니다. 그러나 입시 위주의 줄 세우기 교육 때문에 껍데기만 남은 한국 교육의 현주소를 볼 때, '창의성'은 한국 교육 개혁의 기본 목표일 수밖에 없고 아무리 강조해도 지나침이 없는 가치입니다. 진정한 창의성은 학생들이 지적 호기심을 바탕으로 스스로 탐구하는 과정에서 생겨납니다. 최근에 한국과 세계 교육계에서 가장 큰 화두가 되고 있는 창의성 교육이야말로 '잠자는 교실'과 '교실 붕괴'로 상징되는 무너진 교실을 회생시키고 교육의 질을 혁신할 수 있는 혁신교육의 핵심 원리가 되어야 합니다.

셋째, 혁신교육은 교육목표를 성취하는 과정에서 집단적·사회적 협력을 통한 역동적 발전의 가치를 원리로 삼아야 합니다. 혁신교육은 이기적이고 경쟁적인 인간관의 한계를 직시하고, 소수의 우월한 승자 그룹에 모든 관심을 집중하는 왜곡된 수월성 개념을 극복하기 위해 노력해야 합니다. 배움과 지적 활동은 사회적 지혜가 한데 모이는 협력적 방식을 통해 가장 잘 이루어질 수 있습니다. 학문적 성장을 의미하는 수월성 개념은 다수의 학생들을 목표로 하되, 선두 그룹과 중위 그룹, 하위 그룹이 서로 발전을 자극할 수 있도록 다시 설계되어야 합니다. 그리고 이 과정에서 학생이 저마다 가진 잠재성이 계발되도록 해야 합니다.

이러한 점에서 혁신교육은 학문적 성장, 배움을 준거로 하는 수월성

기준을 갖지만, 다수를 목표로 역동적 발전과 성장을 추구하며, 학생들의 다양성을 계발하기 위해 노력하는 것을 의미합니다. 이를 달리 표현하자면, 혁신교육은 학교 공동체 안에서 다수의 수월성, 역동적 수월성, 다양한 수월성을 추구한다고 할 수 있습니다.

넷째, 혁신교육은 학교 공동체 운영 및 학생 생활의 원리와 관련하여 민주성의 가치를 실현하는 일입니다. 저출산, 정보화라는 새로운 환경에서 나고 자란 학생들에게 민주주의, 사회성, 권리 인식에 관한 교육을 통해 학생들 스스로가 독립된 주체로서 학교생활과 배움에 참여할 수 있도록 해야 합니다. 나아가, 민주주의 교육과 민주적 학교생활은 학생들이 미래의 민주 시민으로서, 그리고 우리 사회의 지도적 주체로서 소양을 키우는 과정입니다.

다섯째, 혁신교육은 개혁의 가치와 인재에 대한 열린 관점으로 협력과 소통의 국제적 가치를 추구해야 합니다. 세계는 '지구촌'이 되어 가고 있고, 우리나라 경제와 문화의 특성은 우리 학생들에게 미래의 유능한 국제적 인재로 살아갈 것을 강하게 요구하고 있습니다. 그러나 세계화는 다양한 국가와 경제 주체를 중심으로 불균등하고 복잡하게 진행되고 있습니다. 그리고 탈냉전은 복잡한 문화 관계, 국가 간 관계, 다양한 비국가 행위자들을 등장시켰고 국제 관계는 평화보다는 갈등과 위험이 커지는 방향으로 전개되고 있습니다. 이러한 점에서 혁신교육은 복잡하게 전개되는 국제 관계의 특징을 정확히 인식하면서 평화와 협력을 이끌어 낼 수 있는 진정한 '글로벌 인재'를 키워야 합니다. 이기적인 경쟁과 외국어 능력 습득을 위한 기능적 몰입만이 아니라, 문화의 다양성을 인정하면서 다양한 국가 및 세력들과 소통하고 협력을 이끌어 낼 줄 아는 능력을 키우도록 가르쳐야 합니다. 혁신교육은 국제사회에 대한 민주적 이해와 우리 사회의 다양성에 대한 존중을 통해 공존과 협력, 소통의 국제적 소양을 갖춘 인재를 키우는 데 실질적으로 기여해야 합니다.

혁신교육의
정책 과제

지금은 이러한 혁신교육의 철학적 원리를 바탕으로 지역, 혹은 초·중등이나 대학교육과 같은 학교급 차원을 넘어서 모두가 머리를 맞대고 '한국 교육을 어떻게 바꿀 것인가?'에 관한 종합적이고도 세밀한 로드맵을 만들어야 할 때입니다. 마치 위성사진을 찍고 판독하듯이 전체를 굽어보면서 막힌 부분을 살필 수 있는 기술과 혜안을 갖추어야 하고, 문제 해결을 위해 정책 기획력과 집행력, 그리고 개혁에 대한 신념과 열정이 서로를 일깨우고 이끌 수 있어야 합니다.

첫째, 학생들의 창의성을 신장할 수 있도록 초·중등 교육과정을 재구성하고, '창의지성교육'을 학교 현장에 적극적으로 도입해야 합니다. 혁신교육은 비판적 사고 능력, 풍부한 체험 및 실천 능력, 그리고 평화적 소통 및 협력의 경험을 통해 상상력과 통찰력을 겸비한 창의적 학생을 육성하는 일이기 때문입니다.

국가 교육과정을 유연하게 재해석·재구성하여 '창의지성교육'의 일반적 내용과 방향, 그리고 혁신교육의 기본 가치를 반영한 교육과정을 개발하고 적용할 필요가 있습니다. 이렇게 개발된 커리큘럼을 우선 혁신학교에 적용해 보면서 성찰적 사고력이 살아 있는 행복한 배움과 창의성 함양의 가능성을 타진해 보아야 합니다. 그를 통해 확인된 성과는 중등교육에서 중·고등학교 연계형 혁신학교 벨트를 통해 진로·진학과 연계된 창의지성 교육과정으로 완성도를 높여 체계적·전면적으로 도입할 필요가 있습니다. 물론, 평가 방식 또한 창의성 평가 체제로 질적 전환이 시급합니다.

이러한 창의력 중심 교육과정을 통해 기존 교육과정의 단편성과 편중성을 극복해야 합니다. 학생들의 비판적 사고력과 창의성을 향상시키고, 궁극적으로는 우리 사회의 지적·문화적 전통을 새로이 창조해야 합니다.

둘째, 교육 활동을 중심으로 학교 구조를 근본적으로 개혁하는 일입니다. 교육의 대부분은 교사와 학생이 대면하는 '교실에서 이루어지는 수업'을 통해 이루어집니다. 따라서, 교사의 자율성과 전문성을 중시하는 교실 중심, 수업 중심의 학교 체제가 좋은 교육의 전제 조건입니다. 그러나 학교 현장에서는 숱한 노력에도 불구하고 교사들이 아직도 '잡무'에서 벗어나지 못하고 있습니다. 학교 조직을 효율화하여 불필요한 업무를 대폭 줄이고 교원의 행정 업무를 획기적으로 감소시키는 시스템을 정착시켜야 합니다. 특히 행정실과 교무실을 통합한 교육지원실을 운영하고, 교육행정 전담 인력을 확충하여 교사들이 수업 연구와 학생 지도에만 전념할 수 있는 여건을 갖추어야 합니다. 또한, 대규모 학교의 경우, 자율적 권한 위임과 특성화를 추구하는 '학교 내 학교'로의 전환도 적극적으로 시도해 볼 필요가 있습니다.

셋째, 학교 문화를 평화의 문화로 바꾸고, 더불어 사는 사회를 위해 인권 및 평화 능력을 신장하는 교육을 펼쳐야 합니다. 서로를 인정하고 배려하는 인권 존중의 정신은 궁극적으로 '평화 능력'을 길러 학교의 문화를 변화시키고 나아가 민주 시민의 자질을 키워 나가는 바탕이 됩니다. 평화 능력이란 수동적·소극적으로 주어지는 것이 아니라, 공동체 발전을 위하여 건강하게 적극적으로 소통하는 과정에서 만들어지는 것입니다. 인권 감수성을 향상시키고, 일상생활 속에서 평화적 문제 해결 능력을 강화하는 것이 교육의 중요한 목표가 되어야 합니다.

넷째, 혁신교육은 '보편적 교육 복지'를 선진국 수준의 방식과 내용으로 확충해 나가는 교육입니다. 의무교육은 무상으로 한다는 헌법 정신에 충실한, 차별 없는 돌봄과 복지가 구현되어야 합니다. 이는 초·중등

교육 과정에서 사회적·가정적 문제로 인해 학생들이 학교교육에서 차별받지 않도록 '가능성의 평등'을 구현하는 일입니다. 다양한 학생 문제를 범주화하여 사안별로 지방자치단체 및 국가기관, 시민사회와 연계해 효과적이고 체계적인 대책과 제도를 마련해야 합니다.

교육 혁신은 크게 보면 복지 확대와 새로운 학교 문화 창출이라는 접근을 통해 공교육 전반의 정상화를 도모하는 일입니다. 무상급식은 무상교육으로 이어져 보편적 교육 복지 체계를 구축하고, 이는 소득재분배와 교육의 실질적 기회 균등이라는 교육 공공성 강화로 완성되어야 합니다. 영유아의 교육과 보육, 그리고 고등학교 교육을 완전 무상화하여 무상교육의 범위를 양적으로 확대해 나가는 한편, 학교 운영 지원비, 체험 학습비, 학습 준비물 비용 등 교육에 필요한 비용을 공공의 책임으로 돌려 무상교육의 질적 내용도 확충해 나가야 합니다. 정부 재정지출 구조와 조세 체계의 개혁을 통해 그 예산을 확보해야 하며, 이는 불가능한 일이 아닙니다.

복지 확대는 필연적으로 복지 재정 확충과 연계될 수밖에 없습니다. 따라서, 우리 사회도 이제는 부유세 등 증세를 위한 조세 체계 및 지출 구조 개혁으로 복지 예산을 확충하는 것을 적극적으로 검토해 보아야 합니다.

보편적 복지가 일반화한 나라는 경제·금융 위기 국가 명단에 쉽게 이름이 오르내리지 않습니다. '보편적 복지국가'는 극단의 교육 양극화가 진행되는 우리 공교육의 붕괴를 막는 안전장치이며, 대한민국의 미래를 가늠할 가장 중요한 의제로 다루어져야 합니다.

다섯째, 교원 임용 방식과 교원 연수 체제를 대폭 개혁해야 합니다. 혁신교육은 비판적 지성을 갖추고서 창의성에 초점을 맞춰 수업을 설계하고 운영할 수 있는 교사의 역량에 의해서 현실화될 수 있습니다. 단편적 지식의 이해 정도를 중심으로 선발하는 현행 임용고시의 문제점을 극복하고, 창의지성의 기초를 이루는 철학과 논리적 사고력, 교과 지도의 전문성, 교사로서의 품성과 자질 등 임상 능력을 중시하는 식으로 교원 임용 방식을 개선해 나가야 합니다. 초·중등교육에서 창의지성형 인재를 교사로 우선 선발하면, 대학 등 교사 양성기관의 교육 방향 또한 그 방향으로 개혁되는 효과를 기대할 수도 있을 것입니다.

또한, 혁신교육은 현직 교사들의 지적 역량, 창의지성 교육 역량, 그리고 교원으로서의 자질을 개선하기 위한 체계적인 정책을 펼쳐야 합니다. 혁신교육을 주도할 교사들의 중·장기 연수 기관인 '혁신학교 아카데미'를 통해 학교 현장 교육 및 교육정책의 혁신을 주도할 교사 리더를 체계적으로 육성해야 합니다. 이를 통해 선진적 역량을 갖춘 교사들이 혁신교육의 질적 개선을 담당해야 합니다.

여섯째, 진정한 의미의 교육자치 실현을 위한 제도와 문화를 정비해야 합니다. 지난 3년 동안 우리의 교육자치는 기존의 중앙집권적인 통제, 행정자치와의 관계 등 교육자치 발전을 가로막는 다양한 장애 속에서 갈등과 조정의 과정을 거치면서 자치의 정신과 가치를 어렵게 지켜 왔습니다. 자율과 책임을 다하는 능동적 교육자치는 자발적 개혁의 원천입니다. 최근 몇 가지 사안을 빌미로 교육자치의 퇴행을 도모하는 일련의 움직임에 대해 정확히 비판하고 함께 대응해야 합니다. 올바른 교육자치의 정착만이 관료주의, 권위주의에 지친 교육과 학교 문화를 바꾸어 낼 수 있습니다.

혁신교육 정착과
창의지성교육 발전을 위한 노력

혁신교육이 한국 교육의 분명한 대안이 되기 위해서 극복해야 할 과제 또한 산적해 있습니다. 지속 가능한 혁신교육 체제를 성공적으로 형성하는 데에는 무엇보다 중앙정부의 역할이 매우 중요합니다.

중앙정부는 학교의 자율권을 확대하고 지방교육자치의 정신을 살릴 수 있도록 규제와 개입을 과감하게 축소하고 지역의 교육자치를 지원하는 체제로 그 역할을 새롭게 모색해야 할 것입니다.

국가의 경제 규모와 위상에 비례하는 교육예산 확보와 효율적 운영으로 선진국형 교육 환경을 구축하는 일을 서둘러야 합니다. 학급당 학생 수 감축, 법정 교사 정원 확보와 교사 1인당 학생 수 감축을 기본으로, 교육 환경 및 여건 개선을 위한 획기적 투자가 필요합니다.

자치단체와 학교의 교육과정 편성·운영의 자율권을 확대하고, 교원 임용권과 징계권 등의 인사권을 직선 교육감에게 이양하는 것도 지방 교육자치의 의미를 살리는 방안입니다. 중앙정부는 기본적으로 지원자 및 조정자 역할을 맡아 교육 격차 해소와 정책 조율에 힘써야 합니다.

자치단체 교육청의 역할 또한 매우 중요합니다. 위로부터의 개혁과 아래로부터의 개혁은 둘 다 교육청을 거칠 수밖에 없습니다. 지금까지 교육청은 대체로 교과부의 정책을 단위 학교로 전달하는 일종의 터미널 역할을 해 왔습니다. 그러나 민선 직선 교육감 출범 이후 큰 변화가 생겼습니다. 교육자치 시대에 걸맞은 교육 철학과 가치, 정책 방안을 통해 우리 교육의 길이 다양할 수 있음을 보여 주고 있습니다. 교육청을 비롯한 교육정책 담당 기관의 관료적, 권위적, 전시적 행정도 시급히 극복되어야 합니다.

그러나 무엇보다 중요한 것은 교사, 학부모, 시민사회의 교육에 대한 새로운 인식과 공동의 실천 노력입니다. 특히 학교 혁신 과정에서 교사의 자발성은 그 무엇보다 중요한 요소입니다. 혁신의 주체는 결국 교사들이며, 선생님들의 자발성과 교육적 열정, 그리고 지성적 책무성 여부에 따라 혁신교육의 미래가 좌우됩니다. 따라서, 교사들의 효능감과 자존감, 전문성을 높일 수 있는 정책과 제도, 행정 지원이 혁신 과정에서 유기적으로 결합되어야 합니다.

혁신학교는 교사들의 노력과 헌신에 의해 학교가 얼마나 긍정적으로 바뀌는지를 실증적으로 보여 주고 있습니다. 혁신학교들의 모습을 정밀하게 살펴보면 우리나라 교육 개혁의 길을 찾을 수 있습니다. 교육과 학교를 혁신하는 일은 기존 관행과 문화를 새롭게 하는 일인 탓에 매우 어렵고 힘든 싸움이 될 수밖에 없습니다. 정책이나 예산만으로 해결되는 일이 결코 아닙니다. 결국은 교육의 시작이자 끝인 교사들의 열정과 헌신만이 우리 교육을 살리는 진정한 힘이 됩니다.

혁신교육이 관 주도 개혁이 밟아 왔던 과오를 반복해서는 안 됩니다. 북유럽 교육이 지닌 가장 큰 장점은 학부모, 학생, 그리고 교육 당국이 교사와 학교를 진정으로 신뢰하고, 교사들은 스스로 변화하려는 노력을 게을리하지 않으며 끊임없이 변화와 혁신을 추구한다는 것입니다. 이를 통해 북유럽 교육은 '경쟁적 시장경제'와는 다른 '비시장적 복지사회'를 추구하면서도 더 높은 수준의 교육 경쟁력을 확보하고 있습니다.

우리나라 교사들은 북유럽보다 훨씬 더 우수한 인재들이 모인 집단입니다. 그처럼 우수한 집단이 학생과 학부모, 그리고 사회 전체로부터 '권위'를 인정받지 못한 채 끊임없이 개혁의 대상으로 치부되면서 힘을 잃는 악순환을 이제는 끊어 내야 합니다.

교육이 교사의 질을 넘어설 수 없다면 "교사의 질을 결정하는 것은 무엇인가?"라는 질문을 던져야 하고, 교육 관청과 교사 모두가 기존 관행에서 벗어나기 위해 노력하는 한편, 교육의 질을 높이기 위해 다양한 방식으로 서로 힘을 합쳐야 합니다.

혁신교육을 통한
새로운 교육 희망을 위하여

교육감 일을 시작한 지 벌써 3년의 세월이 흘렀습니다. 오랜 세월 지속해 온 교육 민주화를 위한 활동을 통해 교육 문제 전반에 대해 잘 알게 되었다고 생각했지만, 안에 들어와서 바라본 교육 문제는 훨씬 더 심각했습니다. 질환의 부위와 정도가 다를 뿐, 모든 학교에서 모든 사람들이 교육 때문에 '신음' 하고 있다는 느낌을 받았습니다.

문제는 국민들이 체감하는 공교육에 대한 불신과 개혁에 대한 기대는 임계점을 넘어섰는데도 이러한 한국 교육의 난맥을 풀어내는 해법이 결코 간단하지 않다는 것입니다. 제 나름대로 최선을 다해 왔지만, 최선의 노력이 언제나 최선의 성과로 이어지는 것은 아닙니다. 생각으로는 만리장성을 쌓지만, 현실에서는 어느 것 하나 만만하게 이루어지지 않습니다. 기존의 관행과 벽은 대단히 정교하고 강고하며, 이상과 현실은 그 괴리가 너무도 큽니다.

생각처럼 일이 풀리지 않을 때, 마음이 어둡거나 답답할 때에는 밤늦은 시간 오랫동안 혼자 걷곤 합니다. 그리고 가끔 고전이나 잠언집 같은 책을 펼치기도 합니다. 그러다 보면 마음의 시끄러움이 조금 가라앉으면서 생각의 갈피가 잡히곤 합니다.

인류의 스승이라 불리는 레프 톨스토이의 잠언집도 제가 즐겨 읽는 책입니다.

"당신에게 가장 중요한 때는 지금이며, 당신에게 가장 중요한 일은 지금 하고 있는 일이며, 당신에게 가장 중요한 사람은 지금 만나고 있는 사람이다."

이런 평범한 말들이 조용하지만 단단한 힘을 줍니다.

정말 그렇습니다. 지금 당장 눈앞에 말끔한 신세계를 펼칠 수는 없다 할지라도, 새로운 교육의 꿈을 안고 열정과 헌신을 다하는 우리는 가장 중요한 지금, 가장 중요한 사람들과, 가장 중요한 일을 하면서 대한민국 교육의 새 길을 개척하고 있다고 믿기로 합니다. 교육은 교육 공동체의 적극적인 참여와 소통을 통해 가치와 본질을 구현하는 살아 있는 유기 체입니다. 행복한 배움을 통한 진정한 '교육 경쟁력'이 무엇인지 우리는 이제 서로에게 뜻을 물으며 설계도를 그리고 주춧돌을 놓으며 아름다운 '우리들의 집'을 짓고 있습니다. 학생과 학부모, 나아가 국민 모두에게 짐을 지우던 교육을 미래를 향한 '희망의 교육'으로 변화시키기 위하여 수많은 사람들이 땀과 눈물을 섞고 있습니다.

이러한 힘들이 모여 우리 교육의 새로운 패러다임을 만들어 가고 있습 니다. 삶의 현장, 교육 현장에서 각성된 낱개의 움직임들이 실개천으로, 냇물로, 강물로 흘러 교육 혁신의 바다로 모이고 있습니다. 쉽게 성과를 말하기 어려운 길고 고통스러운 과정이지만, 더디 가더라도 끊임없이 서로 말을 걸면서 생각과 실천을 나누는 이 과정 자체가 교육 개혁의 진 정한 힘이자 문화가 될 것이라고 굳게 믿습니다.

혁신교육은 미래 사회를 위한 진정한 교육의 가치가 구현되고, 학교가 학생들의 행복한 배움이 일어나는 곳이 될 때까지 쉼 없이 달려야 합니다. 교육 양극화와 사교육비라는 높은 벽을 넘어야 합니다. 학벌 중심 사회가 몰고 온 왜곡된 교육 현장에 대한 반성과 더불어, 창의적·민주적인 새 시대의 인재상을 구체적으로 형상화하고 그들을 길러 내야 합니다. 무엇보다, 우리 아이들이 행복하게 성장하도록 도와야 합니다.

그곳에 교육과 사회의 희망, 그리고 우리의 미래가 있습니다.

행복한
선생님이
좋은
교육을
만듭니다

이제 우리
서로
'교육의 말'을 겁시다

누구나 학창 시절에 삶의 전환점을 만들어 주시는 선생님을 한두 분은 만나게 됩니다. 세월이 흘러도 그분들은 우리 마음속에 늘 살아 계시지요. 저 역시 생각이 흔들리거나 삶이 버거울 때면 그분들을 떠올리면서 마음을 가다듬곤 합니다. 아래 글은 한 일간지에 〈선생님은 위대하다〉라는 제목으로 쓴 졸문입니다만, 이 땅의 모든 훌륭하신 선생님들께 바치는 헌사로 읽어 주시면 고맙겠습니다.

어른이 된 이후에는 가까운 기억도 가물거리는데 유년의 사람과 삽화는 엊그제 일처럼 생생한 게 많다. 어렸을 때의 기호와 습관은 평생을 따라다닌다. 그래서 훈훈한 유년기는 평생의 자양분이다. 〈내 친구의 집은 어디인가〉라는 영화를 본적이 있다. 친구가 숙제를 못 하면 퇴학을 당할지도 모른다는 생각에 이름만 아는 동네에 사는 친구의 집을 찾아 헤매는 아이의 하루를 담은 낯선 이란 영화다. 쇠락한 마을과 학교, 아이들의 가난과 노동, 공책을 북북 찢으며 퇴학을 협박하는 선생님을 비롯한 어른들의 폭력, 그 속에서도 서로의 영혼을 어루만지는 아이들의 모습이 뭉클하게 내 유년과 포개졌던 영화다.

그리고 떠오른 얼굴, 초등학교 6학년 담임이셨던 이무겸 선생님!

추억만으로 가슴 한편이 따뜻해지는 은혜로운 이름이다. 우리들을 대하시던 그분의 눈빛, 표정, 손길이 이리도 생생하다. 내 유년의 마지막은 그분으로 인해 '축복의 기억'이 되었다.

내가 다니던 초등학교는 한 학년에 17반, 한 반에 70~80명이 넘는 거대학교, 과밀학급이었다. 5·16이 일어났던 그해, 거리는 제복을 입은 사람들로 넘쳐났고, 무엇인가 위험하고 불안한 공기가 사람들 사이를 떠다녔다. 선생님은 그 많은 아이들의 이름과 사는 동네를 다 기억하셨다. 하교 때면 언제나 교문 앞에 나오셔서 "그 길은 위험하니 돌아가라, 너는 누구와 함께 가라" 하시다가 못내 불안한지 다 큰(?) 6학년 아이들을 집 앞까지 데려다 주시기도 하셨다.

아무리 포장해도 아이들은 어른의 위선과 진실을 직관적으로 안다. 그동안 만났던 선생님들과 확연히 달랐다. 우리는 모이면 '선생님' 이야기를 했고, 다른 반 아이들은 우리를 부러워했다.

선생님이 보시기에 나는 공부는 잘하지만 마음이 여리고 통솔력이 부족한 아이였다. 반장 역할을 제대로 하지 못한다고, 시험 점수가 높은 것만이 공부를 잘하는 것이 아니라고 야단을 자주 맞았다. 그러나 질책을 받을 때도 선생님이 고마웠다. 어린 마음에도 그것이 '선생님의 사랑'의 형식임을 이해했던 것 같다. 가난하고 공부를 못하던 아이들도 선생님의 품에서 얼굴이 환해졌다. 거리가 안정을 되찾았을 때부터는 하교 후에도 교실은 '공부방'이 되었다. 나 또한 친구들의 공부를 도와야 했다. 선생님께서는 그게 '통솔력'이라고 하셨다.

아무리 훌륭한 교육정책이나 교육 환경, 교수 테크닉도 한 선생님의 손길과 눈빛을 대신할 수 없다. 핍진한 시대에도 '영혼을 울리는 선생님'은 어디에나 계셨다. 선생님은 존재 자체가 교육의 시작이자 완성점인 것이다.

교육감으로서 학교를 다니면서 수많은 '이무겸' 선생님을 뵙는다. 그리고 그 교실 속 아이들이 느끼고 배울 평화와 행복, 그리고 삶의 힘을 생각한다. 선생님은 위대하다.

좋은 교육이 제도나 환경과 무관하게 '선생님의 헌신'만으로 이루어진다고 말하고 싶은 것은 아닙니다. 그러나 분명한 것은, 우리 학생들에게 진정으로 필요한 것은 '훌륭한 선생님'이라는 사실입니다. 교육의 질이 교사의 질을 넘을 수 없다는 너무나 평범한 말은, 평범하기에 더욱 불변의 진리에 가깝습니다. 새로운 교육 방법과 기술은 교육을 보완할 뿐이지, 결코 선생님의 인격과 교감 능력을 대체하지 못합니다. 결국 최고의 교육 혁신은 '훌륭한 품성과 능력을 지닌 교사들'이 집단 지성을 발휘하면서 교육과정, 수업, 평가 등의 혁신 주체로 서는 것입니다. 그리고 우리 모두가 그것을 진심으로 지지하고 격려하는 일입니다.

성공적인 교육을 수행하는 나라의 공통점은 교직과 교사 집단이 대표적인 전문직, 지성인 집단으로서 학생과 학부모로부터 교권을 존중받으며 존경과 감사를 누린다는 것입니다. 그리고 선생님은 스스로 끊임없이 변화와 혁신을 추구하는 노력을 집단 지성으로 전개함으로써 그에 화답합니다. 이 두 개의 축이 서로 상승작용을 일으키며 더 높은 수준의 교육 문화와 교육 경쟁력을 형성해 나가는 것입니다.

우리나라 선생님은 최고의 우수한 인재들이 모여 있는 집단입니다. 미국의 오바마 대통령이 '국가 건설자(Nation Builder)'라고 부러워하는 분들이지요. 지금 이 순간에도 아이들의 마음을 따뜻하게 어루만지고 꿈을 키워 주기 위해 온몸으로 아이들과 살아가는 수많은 이름 없는 영웅들이 교단에서 땀과 눈물을 흘리고 계십니다.

저는 감히 인간 역사의 진보를 믿습니다. 개혁과 퇴행을 끊임없이 반복하면서도, 역사는 더 자유롭고 평등한 삶과 사회를 향해 발전해 왔습니다. 그 과정에서 앞서 가는 사람들의 헌신과 희생이 불가피했던 것도 사실입니다. 교육의 본질에 충실한 제도와 문화를 일구는 것이 우리 사회가 진정한 선진사회, 더불어 사는 사회로 나아가기 위해 반드시 거쳐야 할 길이라면, 선생님과 제가 손을 맞잡고 '지금, 여기'에서 그 길을 개척해 갈 수 있기를 간절하게 기원합니다.

이제 우리, 서로 '교육의 말'을 겁시다. 교장·교감 선생님께서는 부디 '선생님의 행복'을 세심하게 살펴 주십시오. 선생님께서는 '우리 아이', '우리 학교'를 위한 대화와 실천을 멈추지 말아 주십시오. 저 또한 행복한 선생님이 행복한 교실, 행복한 교육을 만들어 가실 수 있도록 진심을 다해 존경과 응원을 보내려는 노력을 게을리하지 않겠습니다.

교권 없이는
교육도
없습니다

학부모님의 거친 항의에 충격을 받아 뇌출혈로 쓰러져 큰 수술을 받으신 성남의 한 초등학교 여선생님 병문안을 다녀왔습니다. 다행히도 당시의 상황을 또렷하게 기억하시는 등 수술 경과가 좋아서 마음이 조금 놓였습니다만, 병상의 선생님 모습, 학부모님의 비이성적인 항의, 교장 선생님께서 말씀하시는 학교 구성원들이 겪고 있는 심리적 불안과 상처 등 모든 것이 안타까웠습니다.

사건의 전말은 이렇습니다. 아이들 간에 다툼이 일어났고, 이에 대해 학교에서 조치를 취했습니다. 그러자 학부모님이 교무실로 찾아와 관련 교사 모두를 모아 놓고 "우리 아이를 왕따시키고 부당하게 대우한다"며 고성과 폭언으로 거칠게 항의를 했고, 그 와중에 선생님께서 쓰러졌다고 합니다. 언제부터인가 학부모들이 교무실을 찾아와 공공연히 행패를 부리거나 폭언을 하고, 정당하지 않은 담임 전보나 교체를 요구하는 일이 낯설지 않게 되었습니다. 그 학부모님의 거친 항의도 이번이 처음이 아니어서 교사들의 두려움이 더 컸던 데다 선생님이 병원에 실려 간 응급 상황에서도 소란이 계속되었다는 이야기에 안타까움은 더욱 커졌습니다. 이러한 사건들은 많은 교육적 손실을 가져오고 공동체의 신뢰에 금이 가게 합니다. 우리 사회의 낮은 신뢰 수준이 초래한 해악을 실감하지 않을 수 없습니다.

특히 안타까웠던 것은, 교권과 학생인권이 상호 존중되는 새로운 학교 문화를 만들기 위한 노력이 곳곳에서 진행되고 있고 교권보호헌장을 비롯한 종합적인 교권 보호 시스템과 문화를 정착시키려는 노력 또한 활발해지고 있는 상황에서 이러한 사태가 발생했다는 점입니다.

분명한 것은 교권 없이는 교육도 없다는 사실입니다. 존중과 믿음은 좋은 교육의 기본 전제이며, 그 속에서 우리 아이들이 건강하게 자라납니다. 사회와 어른들은 그릇된 자식 이기주의와 불신을 털어 내고, 교사들의 권위를 존중하면서 교육의 주체로 참여해야 합니다. 교권은 교사들의 지위나 권위 유지를 위한 것이 아니라 학생들의 건강한 배움을 위한 기본 요건이기 때문입니다.

안타깝게도 사회 일각에서는 학부모들의 무분별한 교권 침해 등 교사들의 권위가 위태로워진 것이 마치 학생인권조례 시행 때문인 것처럼 엉뚱한 데로 화살을 돌리려 하지만, 이는 올바른 인식이 아닙니다. 정확하게 말하면, 무너지는 공교육 현장의 불신과 파행을 근본적으로 해결하는 방안으로서 학생인권조례와 교권보호헌장이 필요한 것입니다.

저는 수많은 자리에서, 우리 교육의 변화와 혁신의 주체는 교사이며, 교육자적 자부심에 바탕을 둔 선생님들의 뜨거운 심장과 실천의 손길만이 우리 교육의 진정한 변화를 가능하게 한다고 말씀드려 왔습니다. 실제로도 혁신학교를 비롯하여 곳곳에서 선생님의 열정과 학부모의 신뢰와 참여가 함께 틔워 낸, 아름다운 교육의 새싹이 자라고 있습니다.

교육의 위기는 긍정의 관점으로 보면 진정한 혁신의 기회이기도 합니다. 지금이야말로 우리 교육과 사회에 대한 근본적인 질문이 필요한 때입니다. 교육이, 학교가, 교사의 역할이 무엇인지 물어야 합니다. 학생들에게 학교가 의미 있는 삶의 공간이 되도록 해야 하고, 교사들의 자부심과 자율성이 커져야 하고, 학부모와 사회는 교사들의 교육적 권위를 진정으로 존중하는 모습을 자라나는 아이들에게 보여 주어야 합니다.

좋은 교육을 하는 나라들의 가장 큰 공통점은 학부모, 학생, 그리고 교육 관청이 교사와 학교를 진정으로 신뢰한다는 것입니다. 공교육과 교사들에 대해 모든 사람들이 두터운 존경과 신뢰를 보냅니다. 우리 사회에서도 학교 공동체의 신뢰 구축을 위한 노력이 절실히 요구됩니다.

저는 부당한 교권 침해를 막기 위한 제도적인 장치를 만드는 데 최선을 다하고 있습니다. 교권 침해로 피해를 본 교원을 구제하기 위한 종합적인 구제 절차를 마련하는 등, 교권 보호 시스템을 완벽하게 구축하여 부당한 교권 침해에 대해서는 단호하고 분명하게 대처할 것입니다.

병문안 자리에서 저는 병상에 누워 계신 선생님께, 교육감으로서 선

생님의 정당한 교권을 지켜 드리지 못해 정말 죄송하다고 말씀드렸습
니다.

학부모님께서도 다소 불만이 있더라도 우리 선생님들을 믿고 격려해
주시기 바랍니다. 피그말리온 효과는 아이들뿐 아니라 우리 선생님들에
게도 절실하게 필요합니다.

선생님의 쾌유를 진심으로 기원합니다.

정말로 해야 할 일은 많고 갈 길은 멉니다.

교육을 바라보는 새로운 패러다임이 필요한 때

지구촌과 한반도는 지금 '위기와 혼돈의 시대'를 살고 있습니다. 세계적인 금융·경제 위기는 자본주의적 질서의 새로운 재편을 예고하고 있습니다. 1%에 대한 99%의 분노가 불평등과 양극화의 근본적 해법을 요구하고 있습니다. 인류 전체가 거대한 변화의 소용돌이 속에서 미래의 운명을 건 치열한 모색과 실천을 거듭하는, 마치 혼미한 안갯속 같은 상황입니다.

교육 또한 예외가 아닙니다. 사회는 급속하게 변화했고 기존 교육의 가치는 효용을 다했습니다. 우리 공교육의 위기와 붕괴를 염려하는 목소리가 들리기 시작한 지도 벌써 10년이 가까워 옵니다. 아래의 통계에서 보듯이, 우리 교육의 그림자는 구석구석 참으로 짙게 드리워져 있습니다.

통계로 보는 한국 사회, 한국 교육의 빛과 그림자

● 우리 경제와 사회는?

• 선진국 규모의 경제: IMF 기준 명목 GDP 규모 세계 15위(2011)

• 취약한 사회 통합력: OECD 34개국 중 사회복지 지출 비중 33위, 빈곤율 28위, 지니계수 20위, 연평균 근로시간은 2193시간 1위, 정치적 자유 26위, 언론 자유 28위, 여성 임금률 19개국 중 19위(2011년 국가 경쟁력 보고서, 기획재정부 2012년 1월)

• 낮은 삶의 질: 한국인의 삶의 질 OECD 32개국 중 31위(OECD 국가의 삶의 질 결정 요인 탐색 보고서, 2012년 2월)

● 우리 교육은?

• OECD 국가 중 대학 진학률 압도적 1위: 71%(OECD 계산 방식 적용 시, 2008)

  〔참고〕독일(36%), 일본(48%), 영국(57%), 미국(64%)

• 성인 남녀 문맹률 1.7%(국립국어원, 2008)

• 학업 성취도 국제 비교 연구(PISA), OECD 국가 중 읽기·수학 1~2위, 과학 2~4위 (2009)

• 한국 교사들 OECD 국가 중 가장 우수한 상위 5% 인재 집단

  (2010 맥킨지 보고서: 교육 3대 강국 중 싱가포르는 상위 30%, 핀란드는 상위 20%, 한국은 상위 5%에 속하는 인재들이 교단에 선다.)

• 초등학생 5명 중 1명(20%) 가출 충동을 느낀 적이 있다. 10명 중 1명(10%) 자살 충동을 느낀 적이 있다(한국방정환재단, 연세대학교 사회발전연구소, 2012년 2월)

- 중·고교생 5명 중 1명 자살 고려, 20명 중 1명 실제 자살 시도, 10명 중 9명 수면 부족 (질병관리본부, 2010)

- 인구 10만 명당 자살 사망률 28.4명(OECD 국가 평균 11.2명) 세계 1위, 청소년의 사망 원인 1위 자살(통계청, 2009)

- 세계 최고의 학업 스트레스 72.6%(한국청소년정책연구원, 2011)

- 수업 시간에 불행하다고 느낀다 53.8%, 수업 시간에 한 번도 질문을 하지 않는다 42% (미디어리서치, 2011년 10월)

- 중2 학생, 정부를 믿는다 20%(36개국 평균은 62%), 학교를 믿는다 45%(36개국 평균은 75%), 관계 지향성과 사회적 협력 능력 36개국 중 36위

- 어린이와 청소년의 주관적 행복지수 69.29점 4년 연속 최하위(OECD 23개국 중 23위, OECD 평균은 100점, 22위 헝가리는 87점)

- 초등학교 4학년 24%, 고등학교 3학년은 58%, 한국을 떠나 외국에서 살고 싶다(한국청소년연구원, 2012)

- 고3 학생들, "행복하기 위해 가장 필요한 것은?"이라는 물음에 "돈이다"라는 답변이 1위 (2012, 한국 어린이·청소년 행복지수 국제 비교)

모두 알고 계시는 이야기이지만, 다시 확인하는 마음이 슬프고 무겁습니다.

학교는 시스템입니다. 어느 학교에 가든, 누가 담임을 하든 평균적이고 기본적인 안전과 학습의 질이 보장되어야 합니다. 요즘처럼 학교의

교육력이 오로지 점수로만 평가되는 한, 학교와 교사는 교육력의 대부분을 공부 잘하는 아이에게 투여할 수밖에 없습니다. 나머지 아이들은 방치되거나 감시와 통제의 대상이 되고 맙니다. 이들의 안전과 성장을 중심에 놓고, 학교에 누가 있어야 하고 어떤 시스템이 갖추어져야 하는지를 토론해야 합니다. 학교를 이들이 '사는 곳, 살 만한 곳, 성장하고 배우는 곳'으로 바꾸어야 합니다.

효용과 가치가 조화와 균형을 이룬 교육이 좋은 교육입니다. 어느 한쪽만이 강조되면 균형이 깨지고 개인과 사회의 분열이 일어납니다. 미국의 제2대 대통령인 존 애덤스는 "생활을 꾸려 가는 법을 가르치는 교육과 인생을 어떻게 살아야 하는지를 가르치는 교육, 이 두 가지를 똑같이 중요하게 가르치는 교육이 좋은 교육"이라고 했습니다. 쓸모를 중심으로 하는 교육과 가치를 중심에 두는 교육이 균형과 조화를 이루어야 한다는 말이지요.

혼돈의 시대에는 앞만 보고 달려서는 문제를 해결할 수 없습니다. 이때 속도보다 더 중요한 것은 생각입니다. 철학과 지향입니다. 그러나 교육에 대한 우리의 논의는 문제의 본질을 들여다보고 처방을 찾기보다는 본질을 왜곡하거나 일시적인 진통제 처방으로 상처를 잠시 덮는 데 급급했습니다. 학생인권을 보장하면 교육력이 약해질 것이라는 해괴한 논리가 대표적 예입니다. 처벌 강화만이 문제 해결의 핵심 방안인 양 말하는 것도 어리석습니다.

차가 고장 났을 때 차에 경고를 하고 말을 안 듣는다고 몽둥이질을 하며 차를 처벌하는 사람이 있을까요? 컴퓨터가 오작동을 일으켰을 때 컴퓨터에 화풀이를 하면 문제가 해결될까요? 차나 컴퓨터가 고장이 나면, 당연히 그 원인을 알아보고 손상되거나 고장 난 부분을 찾아서 수리하는 게 상식입니다. 이 상식에서 벗어나면 코미디 같은 상황이 벌어집니다. 사람과 사회, 그리고 교육도 마찬가지입니다. 아이들이 문제가 있다면, 그 아이들에게 어려움을 안겨 준 결함 있는 사회, 잘못된 양육 방식, 손상된 교육을 성찰하고 고쳐야 합니다. 그 아이들에게 몽둥이를 들이대는 것으로 해결하려는 모습은 차에다 화풀이하는 사람의 모습과 무엇이 다를까요?

교육을 바라보는 새로운 패러다임이 필요합니다. 새로운 시대, 새로운 사회, 새로운 세대가 필요로 하는 교육의 핵심 키워드는 무엇일까요? 많은 나라들에서 '창의력'을 그 키워드로 꼽고 있습니다. 창의성을 중심에 두는 교육의 방향 찾기는 세계 교육의 화두입니다.

창의성의 핵심은 '무엇을 알고 있느냐?'가 아닙니다. 창의성은 '문제가 무엇이고, 그것을 어떻게 지혜롭게 해결할 것인가?'를 중심으로 사고하는 것입니다. 창의성 중심의 교육에서는 학습의 기본과 균형, 비판적이고 성찰적인 사유 능력과 따뜻한 감성을 중시합니다. 그리고 평등의 가치, 상호 존중과 신뢰의 문화, 교사의 자율성과 전문성을 필요로 합니다.

하지만, 무엇보다 중요한 것은 창의적이고 열정적인 선생님입니다.

얼마 전, 애플의 창시자 스티브 잡스가 타계했습니다. 그의 전기를 읽었는데, 그의 삶에도 어김없이 훌륭한 '선생님'이 등장하더군요. 어린 시절의 잡스는 호기심이 왕성한 창의적인 아이였습니다. 그러나 학교에 들어가면서 모든 호기심이 사라져 버리고 맙니다. 학교와 교사들의 불필요하고 강압적인 권위 때문이었지요. 학교생활의 지루함을 달래기 위해 잡스는 온갖 나쁜 짓을 일삼는 문제아가 되어 갑니다.

그러다가 4학년 때 이모진 힐이라는 선생님을 만나게 되지요. 잡스의 특성을 간파한 힐 선생님은 온갖 방법으로 동기를 부여합니다. 수학 문제지를 풀어 오면 지구만큼 큰 막대사탕을 준다는 말에 잡스는 이틀 만에 문제지를 다 풀어 버립니다. 그다음부터는 선생님을 기쁘게 해드리기 위해서 더 많이 공부합니다. 잡스는 훗날 그분을 이렇게 추억하고 찬양합니다.

"선생님은 제 인생의 성자(聖者) 중 한 분이셨어요."

선생님이 아니었다면 틀림없이 소년원이나 들락거리고 말았을 것이라고 이야기하는 잡스에게 힐 선생님이 '성자'로 회고되는 것은 당연합니다. 훌륭한 선생님은 배움의 본능을 일깨웁니다. 학생들은 본능적으로 훌륭한 선생님을 알아보고, 기꺼이 그 뒤를 따릅니다.

교육은 참으로 힘들지만 아름다운 일입니다. 선생님은 사람의 영혼을 빚어내는 '예술가'들입니다. 그들은 흔들리지 않는 교육적 신념과 인간에 대한 무한한 애정으로 험난한 '교사의 길'을 걸어갑니다. 좋은 교육은 정책이나 예산만으로 이루어지는 것이 아닙니다. 세계 어느 나라에서든 교육을 바꾸고 세상을 바꾸는 것은 교육의 시작이자 끝인 선생님들의 생각과 열정과 헌신입니다.

교육 개혁의 성패는
선생님 손에
달려 있습니다

오늘날 교사의 권위는 많이 떨어졌습니다. 아니, 비단 교사뿐 아니라 교육계 전반이 사회적 불신 속에서 방향을 잡지 못하고 있습니다. 급변하는 사회는 세대에서 세대로 이어지는 공통의 문화를 사라지게 하고 있고, 기성세대의 관행과 새로운 세대의 감성이 충돌하면서 문화적 갈등이 빚어지고 서로를 이해하기가 점점 더 어려워지고 있습니다.

인류 역사에서 가장 변화 속도가 빠른 지식혁명 시대인 만큼, 이러한 상황에는 불가피한 면이 없지 않습니다. 그러나 한편으로는 사회와 가치의 변화를 수용하면서 미래지향적인 교육을 준비하지 못한 우리 교육의 한계 또한 인정해야 할 것입니다. 그 결과, 한때는 국가 발전의 원동력이었던 우리 교육이 오늘날에는 우리 모두의 고통이 되고 있습니다.

무한 경쟁으로 서열화된 학교에서 많은 아이들이 자존감이 위축되고 영혼에 상처를 받고 있습니다. 배움에서 떠난 무기력한 아이들이 교실마다 넘쳐 나는 황폐한 교육 현장에서 교사들은 지쳐 갑니다. 학부모들은 공교육에만 기댔다가는 내 아이만 뒤처지지 않을까 하는 걱정에 등 떠밀려 아이에게 온갖 사교육을 시키면서 그 비용을 대느라 허리가 휩니다. 불확정성과 불안 요소로 가득 찬 사회는 위험사회를 살아 낼 의무와 책임의 대부분을 개인의 몫으로 돌림으로써 교육의 공공성을 위협하고 있습니다. '교육의 본질과 가치', '무상교육', '교육 복지를 통한 양극화 해소와 기회균등의 교육'이 경쟁과 효율의 논리 앞에서 공허한 외침으로 치부되는 현실은, 참다운 무엇인가가 왜곡되어 있다는 증거입니다.

이제 진정한 교육 경쟁력이 무엇인지 되물어야 할 때입니다. 고정관념에서 벗어나, 미래를 위한 새로운 교육 기준을 설정하고 실천하는 일에 모두가 마음을 모아야 합니다.

아이들이 학습에 흥미를 느끼고 더 효율적으로 학습할 수 있는 방안을 찾아야 교육의 국가 경쟁력이 생깁니다. 국제 학력 평가에서 세계 최고의 학력을 자랑한다지만, 각종 통계와 연구 자료에 의하면, 우리 아이들의 학습 흥미도와 학습 시간 대비 성취도는 OECD 국가 중 가장 낮은 편입니다. 사교육비를 세계에서 가장 많이 들이는데도 그렇습니다.

공부에 대한 흥미와 학업 성취도만큼이나 중요한 것이 '삶을 위한 교육' 입니다. 우리 아이들이 자유롭고 따뜻한 영혼, 아름답고 훌륭한 것에 대한 반짝이는 탐구심과 열망을 품고 자라날 수 있도록 기성세대의 책임을 다해야 합니다. 자신의 삶과 일을 사랑하는 것은 물론이고, 가족과 이웃과 사회를 사랑할 줄 아는 사람, 공공의 가치를 실현하기 위해 노력하는 유능하고 행복한 사람으로 성장하기를 바라는 우리의 소망을 교육이 담아내야 합니다.

모든 학생에게 평등한 교육 기회를 제공하는 것, 어렵고 힘든 환경에 처한 아이들이 발달의 관점에서 잘 성장하도록 돕는 것, 인간의 존엄성과 가치를 학교와 교실 안에서 더욱 드높이는 방안을 찾는 것은 우리의 미래를 위하여 더 이상 미룰 수 없는 일들입니다. 그리고 모든 교육행정은 그 일들에 봉사하는 데 초점을 맞추어야 합니다. 정직과 공정성을 바탕으로, 기존 관행에서 벗어나 일선 교사와 학생과 학부모의 교육과 학습과 복지를 실질적으로 지원하는 데 힘을 모으고 그에 따른 성과를 내야 합니다.

이러한 교육 개혁은 선생님들의 힘이 아니면 성공할 수 없습니다. 개혁을 위한 제도와 정책이 아무리 많이 쏟아져 나오고 정치적 의지가 아무리 넘쳐 나도, 선생님들이 마음으로 그에 공명하지 않는 한 공허한 구호에 그칠 뿐이고 개혁에 대한 피로감만 더한다는 것을 우리는 경험으로 알고 있습니다.

저는 가르친다는 일이 얼마나 어렵고, 선생님들께 부여된 책임이 얼마나 무거우며, 학교 현장에 갖가지 폭력이 들어오면서 교직이 얼마나 힘들어졌는지 잘 알고 있습니다. 또, 온갖 잡무와 관행의 벽에 부딪혀 가르치는 일에 전념할 수 없을 때, 그리고 교육 당국에서 이름뿐인 '개혁 정책'을 앞세워 교사들을 일방적으로 개혁의 대상이라고 몰아붙일 때 선생님들이 얼마나 절망감을 느끼는지도 잘 알고 있습니다.

선생님들은 마땅히 존중받고 배려받아야 합니다. 자율과 지성은 교직 문화의 핵심이며, 따라서 스스로 판단하고 민주적으로 토론해서 이끌어 낸 합의에 따를 수 있어야 합니다. 이는 꼭 선생님들만을 위한 것은 아닙니다. 그것은 우리의 교육 문화를 튼튼하게 만드는 일이기도 합니다.

결국, 선생님들께서 앞장서서 새로운 교육 문화를 만들어 내지 않는 한, 우리 교육의 새 길은 쉽게 보이지 않을 것입니다. 선생님들은 최고의 교육을 받은 분들입니다. 또한, 교직 경험을 통하여 지성과 인내심, 자각의 능력을 갖추게 된 분들입니다. 그 역량에 대한 자부심을 바탕으로, 교육 개혁의 주체로 당당히 나서 주십시오.

공교육의 현장, 교실 하나하나에 초점을 맞추고 우리 교육이 황폐해진 원인을 냉정하게 살펴야 합니다. 교실에서, 학교에서 이루어지는 작지만 의미 있는 성공 사례들을 모델로 삼아 사회적 합의를 이끌어 내고 개혁의 갈피를 함께 잡아 가야 합니다. 교육의 실패를 남 탓으로 돌리거나 방치해서는 안 된다는 문제의식을 공유해야 합니다. 헌법에서 말하는 교육의 자주성과 전문성, 정치적 중립성이 일선 학교와 교실에서 생생하게 살아나도록 진정한 교육자치를 일구어 내야 합니다.

지성인으로서 책임감을 가지고, 나 한 사람의 힘으로 부족한 일은 동료 교사와 학생, 학부모와 함께 고민하고 의논하면서 실천의 길을 모색하여 주십시오. 대화와 소통이 없는 혁신은 협력의 지혜를 파괴하고 서로 간에 불신을 키우며 공동의 가치 실현을 차단한다는 것을, 따라서 진정한 혁신은 휴머니즘이며, 서로에 대한, 그리고 미래에 대한 사랑이라는 것을 모든 교육 현장에서 실천으로 확인시켜 주십시오.

교육감에 취임한 이후, 선생님들께서 보여 주시는 교육적 열정에 감동할 때가 많았습니다. 안타깝게도 곳곳에서 교육 비리가 불거지고, 교직 사회의 무능과 매너리즘을 비난하는 목소리가 높아지고, 여러모로 교육 여건이 미비한 와중에도 아이들에게 최선을 다하시는 선생님들의 모습을 볼 때마다, 우리 희망의 출발점은 결국 선생님들일 수밖에 없다는 믿음을 다시 확인하곤 했습니다.

당장은 선생님들과 교직 사회가 감당해야 할 어려움이 클 수도 있습니다. 하지만 이런 때일수록 도약에 따르기 마련인 성장통을 스스로 감내하고 사랑으로 어루만지는 힘이 필요합니다. 선생님들의 그 힘이, 우리 사회와 아이들의 건강한 미래를 가꾸어 가는 데 소중한 밑거름이 되리라는 확신을 가져 주십시오.

교육이
가장
좋은
복지입니다

부끄럽고
죄송합니다
— 최은순 선생님께

오늘 지인이 선생님 이야기를 전하더군요. 그래서 선생님의 사연이 담긴 기사를 읽어 봅니다. 천천히 글자 하나하나 보다가 "주눅 들어 서류를 내밀던 아이들의 눈빛이 떠올랐고 '상처를 더 줄 수 없다'고 생각했을 뿐"이라는 대목에서 잠시 멈춥니다. 인쇄된 문자에서 선생님의 눈빛이 떠오르는 것 같았기 때문입니다. 우리 집이 가난하다는 서류를 내던 아이, 그 아이를 바라보는 선생님의 모습이 그려지기 때문입니다. 짧은 순간이겠지만, 말 없는 대화가 여러 번 오가지 않았을까요. 아마도 아이는 '선생님, 여기요'라고, 선생님께서는 '미안하다'고 눈빛으로 이야기했겠지요. 얼마나 난처하셨을지…….

부끄럽습니다. 저 자신이 그런 장면을 만든 장본인인 것 같아 죄송할 따름입니다.

선생님께서 다른 교직원에게 보냈다는 메신저 내용에서도 한동안 눈을 떼지 못합니다. "학력 신장 프로젝트에는 그렇게 많은 예산을 지원하면서 도움이 필요한 아이들의 급식비 지원은 줄이는 교육청을 이해할 수 없다. ……" 선생님께서 그 분노의 자판을 두드리는 동안 전 무엇을 하고 있었을까요. 선생님께서 급식비 지원에서 탈락한 학생을 통보받는 순간, 전 어디에 있었을까요.

그래서 부끄럽습니다. 선생님께서 이해하기 힘든 교육청에 몸담고 있어서 더더욱 죄송할 따름입니다.

교육은 사랑이라고 하더군요. 사랑의 시작은 만남입니다. 교사와 학생이 만나 눈빛을 나누고 대화를 하며 서로 부대끼는 순간, 사랑이 시작됩니다. 그리고 '외사랑'이든 '온사랑'이든 간에 그 소중한 순간순간이 모여 교육은 이루어집니다.

저 같은 사람이 해야 할 일은 그 소중한 순간을 의미 있게 만드는 것이겠지요. 만남과 소통이 이루어질 수 있도록 돕는 것이겠지요.

하지만 불행히도 전 선생님과 가까이 있지 못했나 봅니다. 교사와 학생 사이에 미안한 마음이 오고 가도록 했기 때문입니다. '경기에서 교육을 올곧게 만들었으면 다른 지역도 그리 했을 텐데' 라는 생각만 들 뿐입니다.

그래서 작은 다짐을 해 봅니다. 여기에서는 선생님께서 겪으신 것과 같은 일이 벌어지지 않도록 하겠다고 말입니다. 지난 임기 동안 무상급식이 번번이 좌절되었지만, 그에 굴하지 않고 학생들에게 보편적인 복지의 혜택이 돌아갈 수 있도록 노력하겠습니다. 이것이 선생님의 조용한 움직임에 화답하는 길이라고 애써 위로합니다.

선생님.

교사는 학생에게서 배웁니다. 그리고 교육청에 있는 사람들은 학교 현장으로부터 배웁니다. 오늘 전 선생님으로부터 가르침을 받았습니다. 그래서 감사합니다.

아이에게 미안하다고 하시는데, 저 또한 선생님께 죄송합니다. 아이에게 상처를 더 줄 수 없다고 하셨는데, 저 또한 선생님과 같은 분들에게 상처를 더 드리지 않도록 노력하겠습니다. 그렇게 선생님과 함께 그 길을 가겠습니다.

무상급식을 둘러싼 복지 논쟁이 한창이던 2010년 4월 23일, 부산 북구의 한 중학교에 근무하시는 최은순 선생님께 보낸 편지입니다. 당시 이 학교는 예산 부족으로 저소득층 급식비 지원 신청을 한 106명 중 75명만 지원하기로 했고, 탈락한 지원 대상 학생 중에는 최 선생님 반 아이도 포함되어 있었습니다. 최 선생님은 주눅 들어 서류를 내밀던 아이들의 눈빛을 떠올리며 '차라리 내가 한 끼 굶고 아이의 밥값을 내 주고 싶다'며 점심 단식을 선언하고 실행에 옮겼고, 이 사실이 《부산일보》에 보도되면서 세상에 알려졌습니다. 보도를 보고 단식 열흘째를 맞고 있던 최 선생님께 띄운 공개편지입니다.

이 사건으로 부산시 교육청은 부랴부랴 추가예산을 확보해 누락된 6천여 명을 모두 구제하기로 결정합니다. 진심 어린 교사 한 분의 행동이 세상을 움직인 사건입니다.

복지는 정쟁의
대상이 아닙니다
- 오세훈 시장님께

시장님께서 결국 무상급식 주민투표 발의를 강행하셨다는 소식을 들으며 착잡하고 서글픈 심정으로 몇 마디 외람된 말씀을 드리는 것을 양해하여 주십시오. 무상급식을 통한 보편적 복지 실현을 앞서 주장한 사람으로서 이 사안이 단지 서울의 무상급식 문제만이 아닌, 우리 모두가 풀어야 할 숙제라는 생각으로 드리는 말씀이오니, 부디 남의 잔치에 배 놔라 감 놔라 한다는 참견으로 여기지는 말아 주시기를 부탁드립니다.

시장님!

저는 솔직히 시장님의 무상급식 주민투표 발의가 말 그대로 '주민의 뜻'을 묻는 행정절차일 따름인지 의문이 듭니다. 우리 아이들의 '밥상'

문제를 잘못된 신념에 바탕을 둔 정치 행보에 과도하게 이용한다는 느낌을 감추기 어렵습니다. 주민투표에 들어갈 막대한 예산과 행정력, 그리고 그것이 우리 사회의 미래에 과연 무슨 의미가 있는지를 생각하면서 무상급식에 들어가는 예산과 견주어 보기도 했습니다. 대한민국 수도 서울의 행정 수장이 정치적 기 싸움에서 승리하기 위해 국민들의 불안과 편 가르기를 조장하는 것은 아닌지 우려스럽습니다.

시장님께서는 자신을 마치 엄청난 고난을 당하는 약자인 양, 그리고 주민투표 발의를 정의감과 우국충정으로 무장한 투사의 의로운 투쟁인 양 생각하시는 듯합니다. 시장님 인터뷰 기사를 읽었습니다. 대한민국의 미래를 위한 국가적 어젠다가 무엇이어야 하는지 밤새 고민한 끝에 내린 결정이었다면서, 주민투표에서 반드시 승리해 야당의 보편적 복지 프레임에서 벗어나겠다고 말씀하셨더군요. 특정 정파의 아이콘을 자임하시던 그 모습이 온갖 편견에 찬 언사를 거침없이 토로하던 다른 나라 극우파 인사의 모습과 왠지 겹쳐 보여 두려움마저 들었습니다. 더욱이, 2010년 6·2 지방선거에서 무상급식을 지지한 유권자들이 뭔가에 홀린 상태에서 투표에 임했다는 말씀은 유권자들의 판단과 투표의 의미 자체를 부정하는 발언이라 놀라지 않을 수 없었습니다.

저는 시장님과 생각이 다릅니다. 지난 6·2 지방선거에서 핵심 쟁점으로 부상한 무상급식 논란은 오히려 우리 사회의 '복지 불감증'에 대한 치열한 문제 제기였으며, 국민들은 복지를 보편적으로 확대해야 한다는 현명한 선택을 했다고 생각합니다. 우리의 미래인 어린이들의 급식만이라도 국가가 책임져야 한다는 주장과 정책에 색깔론까지 내세워 대응하는 시대착오적 정치 행태를 준엄하게 심판한 것이었지요.

오 시장님!

아시다시피 한국의 복지 예산 순위는 경제협력개발기구(OECD) 국가 중 바닥권입니다. 우리나라 공공복지 지출 수준은 OECD 평균인 20%의 절반에도 못 미칩니다. OECD 국가들의 정부 총지출 중 복지 예산 비율이 대체로 50%를 넘는 반면, 우리는 20% 후반대에 불과합니다. 부모들이 부담해야 하는 공교육 사부담비를 비롯한 교육비는 세계 최고입니다. 한마디로, 우리나라는 지금까지 '복지병'을 한 번도 앓아 본 적조차 없습니다.

G20 소속 다수 국가가 시행하고 있는 '보편적 복지' 정책은 글로벌 기준에 부합하는 세계화의 기본이며, 복지야말로 수요와 일자리를 창출하고 사회를 안정시키는 정책임을 이미 많은 나라가 증명하고 있습니다. "부잣집 아이들에게도 무상급식이 필요한가?"라는 일부의 주장은 복지에 대한 인식 부재를 보여 주는 것이며, "무상급식으로 급식의 질이 떨어진다"는 주장 또한 사실과 다릅니다. 무상급식은 정치적 견해나 이념, 그리고 경제 논리로 재단할 문제가 아닙니다. 우리 아이들의 인권 및 교육권 보호와 관련된, 중요한 학교교육 과정으로 여겨져야 합니다.

교육은 그 어떤 부문보다 공공성이 강한 사회적 자산입니다. 학교에서 아이들이 느끼는 불평등과 심리적 차별은 우리의 미래를 어둡게 합니다. 가난한 집 아이이건 부잣집 아이이건 아이들은 학교에서 차별받지 않아야 하고, 균등한 교육 기회를 누리면서 자기 역량을 마음껏 발휘할 수 있어야 합니다. 부모의 경제력에 따라 아이가 성공할 기회가 차단당하는 일은 없어야 한다는 것이 교육의 기본 원리입니다.

무상급식은 단순히 아이들에게 밥 한 끼 공짜로 먹이자는 것이 아닙니다. 그것은, 교육의 공공성을 확대하고 우리 모두의 삶의 질 향상을 사회적으로 책임지는 과정을 통해, 양극화가 빚어낸 사회적·경제적 불평등이 촉발한 갈등을 해결해 나가는 사회 통합의 과정이기도 합니다. 그것은 우리 사회의 안전 운행을 위한 기본 품목인 안전벨트일 뿐, 첨단 안전장치나 에어백 같은 선택 품목이 아닙니다. 무상급식 정책은 사회 전반의 복지 시스템의 전환을 이끌어 낼 소중한 기회로 여겨져야 합니다.

존경하는 오 시장님!

보편적 복지국가에서는 인간답게 산다는 것이 누구에게나 부여된 마땅한 권리이며, 이를 보장하는 것이 국가와 지방자치단체의 궁극적 책임이자 존재 이유입니다. 또한 이 권리는 조건에 따라서 차별적으로 적용되어서는 안 됩니다. 따라서 지금 우리 사회에 진정 필요한 것은 '보편적 복지냐 선별적 복지냐?' 라는 진부한 논쟁이나 정치적 이해로 점철된 편 가르기가 아니라, 무상급식으로 촉발된 '보편적 복지' 의제를 어떻게 제대로 확산시켜 나갈 것인가에 대한 철학과 정책입니다.

오세훈 시장님께 충심으로 부탁드립니다.

무상급식은 정치적 헤게모니 싸움의 대상이 아닙니다. 한국 사회의 불안한 복지가 가져다준 폐해를 정확히 인식해 주십시오. 경제력 하위 50%에 속하는 우리 어린아이들과 부모들에게 자신이 '하위 50%'에 속하는 '무료급식 대상자'라는 것을 입증해야 한다는 낙인과 슬픔을 안겨 주지는 말아 주십시오.

시장님께서 지금의 격정에서 벗어나, 약자의 어려움과 눈물에 공감하며 모두가 행복하게 살아갈 대한민국을 꿈꾸던 초발심으로 돌아와 주시

2010년 8월 1일 오세훈 서울시장이 끝내 '무상급식 주민투표'를 발의한 것에 대한 안타까움을 담아 쓴 공개편지입니다. 2010년 6·2 지방선거에서 재선에 성공한 오세훈 시장은 서울시 의회가 보편적 방식의 무상급식 확대를 골자로 하는 친환경 무상급식 등 지원 조례안을 통과시키자 조례안 공포는 물론이고 시정 협의마저 거부하면서 무상급식 주민투표 발의로 맞섰습니다. 오 시장은 '소득 하위 50%의 학생을 대상으로 단계적으로 무상급식 실시', '소득 구분 없이 모든 학생을 대상으로 초등학교는 2011년부터, 중학교는 2012년부터 전면적으로 무상급식 실시' 안에 대한 주민투표를 발의했습니다. 각 정당과 시민사회는 각각 투표 참여 독려와 투표 거부 운동을 벌였고, 8월 24일 실시된 투표 결과는 주민투표법이 규정한 유효투표율(투표권자의 3분의 1)에 미치지 못한 25.7%의 투표율을 기록했습니다. 결국 투표함은 개함되지 못했고, 오 시장은 시장직을 사퇴했습니다. 이 편지는 공개되자마자 언론과 SNS 등을 통해 급속히 퍼져 나가면서 투표 여론에 영향을 미쳤습니다.

기를 부탁드립니다. 부디 사람의 얼굴과 체온을 지닌 따뜻하고 아름다운 행정을 펼쳐 주십시오. 새로운 정치와 행정을 기대하는 많은 국민들의 간절한 소망을 부디 외면하지 말아 주십시오.

오 시장님의 건승을 기원합니다.

보편적 복지는
인권입니다
– 현명한 선택을 해 주신 서울시민 여러분께

안녕하십니까? 경기도 교육감 김상곤입니다. 서울시민 여러분께서 현명하신 판단으로 보편적 복지로 상징되는 우리 교육의 길을 다시 한 번 열어 주셨습니다. 이수차천(以手遮天)이라는 고사성어가 떠올랐습니다. 권력의 손바닥이 아무리 커도, 도도한 시대정신의 흐름을 막고 국민의 눈을 가릴 수는 없는 일입니다.

저는 무상급식을 통한 보편적 복지 실현을 앞장서 주장한 사람으로서, 지난번에 서울시장님께 공개편지를 드린 바 있습니다. 그 편지에서 저는, 무상급식은 학교에서 아이들이 겪는 불평등과 심리적 차별을 막는 인권과 교육권의 영역이므로 정치적 헤게모니 싸움의 대상이 아닐뿐더러, 우리 사회의 지속 가능한 발전을 위해 양극화가 빚어낸 사회·경제

적 불평등이 촉발한 갈등을 해결해 나가는 사회 통합의 과정이기도 하
다는 점을 강조했습니다.

그러나 주민투표는 끝내 강행되었고, 차분하게 국민의 뜻을 묻는 절차
가 아니라 정치적 이해에 따라 복지 현실에 대한 온갖 왜곡된 주장이 난
무하는 편 가르기의 장이 되고 말았습니다. 애초에 가장 신중하게 접근
해야 할 교육 문제를 특정 개인의 정치 행보를 위한 발판으로 악용해서
는 안 되는 일이었습니다. 오세훈 시장님이 흘리는 눈물은 안타까웠지
만, 그 행위 속에 '하위 50%' 아이들과 부모님들이 감당해야 할 '눈물'
과 '평화'가 담겨 있지 않은 것은 더욱 가슴 아픈 일이었습니다.

그러나 오늘의 투표 결과는 우리 미래에 대한 국민의 뜻과 시대정신
이 어디에 있는지를 분명히 보여 주었습니다. 함량 미달의 복지 인식과
비이성적이고 독선적인 정치 행위를 시민들의 힘으로 다시 한 번 준엄
하게 심판하였습니다. 모두가 열심히 일한 결과가 모두를 위한 복지로
되돌아가는 건강한 사회에 대한 기대를 시민의 뜻으로 확인해 주었습
니다.

보편적 복지는 인권입니다. 헌법 제22조와 제31조는 모든 사람이 사
회보장을 받을 권리와 의무교육 무상 원칙을 천명하고 있고, 세계인권
선언은 인간의 경제·사회적 권리를 인권이라고 칭했습니다. 인권과 교
육권이 올곧게 지켜지는 사회가 공정 사회이고 공생 발전의 기본입니
다. 무엇보다, 하위 50% 아이들에게만 제공되는 무료급식은 우리 사회

에서 성적이나 외모에 대한 비교보다 훨씬 더 굴욕감을 주는 원색적인 비교표이고, 이것은 제도적 폭력에 가깝습니다.

이번 무상급식 주민투표 결과에 나타난 시민의 뜻을 진정 겸허하게 수용해야 합니다. 정파에 따른 아전인수 격 해석으로 또 다른 소모적 갈등을 불러오는 일은 없어야 합니다. 시민의 뜻은 보편적 방식의 무상급식 복지 확대입니다. 수도 서울의 성숙한 태도는 대한민국 전체에 커다란 힘이 될 것입니다.

우리 아이들이 밥과 꿈을 함께 나누는 평화롭고 행복한 나라를 모두의 힘으로 함께 만들어 가기를 간절히 기원합니다.

핀란드 아이들이
행복한 이유

지난해 가을, 핀란드의 어느 고등학교를 방문했을 때의 일입니다. 비교적 형편이 어려운 아이들이 많은 학교라는데, 학교 건물과 시설이 아름답고 아이들 표정이 참 밝았습니다.

수업에 방해가 될까 봐 조금 죄송했지만, 안내해 주신 선생님을 따라 수업 중인 11학년(고2)의 한 교실에 불쑥 들어갔습니다. 영어 동사 시제 변환을 공부하는 시간이었는데, 아이들의 집중력이 참 좋아 보입니다. 수업을 참관하다가, 우리 일행 중 한 분이 양해를 구하고 학생들에게 질문 하나를 던집니다.

"여러분은 학교에 오는 것, 그리고 교실에서 공부하는 것이 즐겁고 행복한가요? 그렇다고 느끼는 사람은 정직하게 손을 들어 주시겠어요?"

놀랍게도, 약 30명 정도인 학생 전체가 아무 망설임 없이 손을 듭니다.

오히려, 그렇게 당연한 일을 왜 묻느냐는 표정입니다. 몇 가지 이야기를 조금 더 나누다가 교실을 나오는데 가슴 한편이 싸하게 아파 옵니다.

우리 고등학교 2학년 교실에 불쑥 들어가서 "여러분! 학교생활이 즐겁고 행복합니까?"라고 물으면 과연 몇 명이나 손을 들까를 생각하니 큰 한숨이 저절로 나왔습니다.

가끔 보는 자료 중에 《하버드 비즈니스 리뷰(HBR)》가 있습니다. 얼마 전, 이 잡지에 자본주의의 변화 과정과 미래에 관한 흥미로운 기사가 실렸습니다. 미국 자본주의 변화 과정에 초점을 맞춘 이 기사에서는, 대공황 이후 개인의 무한 자유에 국가적 통제를 가하기 시작한 케인스주의가 적용된 1975년까지를 관리 자본주의(Management capitalism) 시대, 1976년부터 2008년 리먼 브라더스 사태까지를 주주 자본주의(Shareholder capitalism) 시대, 2009년부터를 고객 자본주의(Customer capitalism) 시대, 그리고 2011년 이후를 이해관계자 자본주의(Stakeholder capitalism) 시대로 구분하고 있었습니다.

경제 현상을 분석하는 기준에 따라 여러 다른 구분이 있을 수 있겠지만, 이러한 구분의 핵심은 미국 자본주의가 개인의 배타적 경제행위가 가져온 부의 독점을 경계하면서 모두의 가치가 골고루 증대하는 자본주의 형태로 점차 변화해 왔다는 것입니다.

사실, '이해관계자 자본주의'는 새로운 개념이 아니라 유럽의 전통적인 경제 흐름의 한 형태라고 볼 수 있습니다. 주주는 물론이고 고객, 종업원, 그리고 사회 구성원 모두의 이익을 추구하는 한편으로, 특정한 개인이나 집단의 과도한 탐욕을 견제하는 시스템을 의미하지요.

최근의 세계경제 위기는 결국 금융계의 과도한 탐욕이 불러온 결과입니다. 얼마 전에 출판된 『눈먼 자들의 경제』라는 책에서, 저널리스트 겸 작가인 마이클 쉬나이얼슨은 금융 위기 이후 추락하고 있는 월스트리트 상류사회의 모습을 통해 위기가 닥칠 때까지 거액의 연봉과 보너스 잔치로 흥청망청 탐욕을 즐겼던 그들의 모습을 생생하게 묘사합니다. 고급 휴양지마다 집을 한 채씩 두고 출퇴근용 헬리콥터와 수상비행기까지 갖춘 리먼 브라더스의 50대 임원 이야기는 금융 위기 사태의 원인을 짐작하게 합니다.

똑똑한 인재 한 명이 만 명을 먹여 살리는 것이 아니라 그 한 명이 만 명의 부를 독차지한다면, 그 똑똑함은 반사회적인 것입니다.

우리 사회도 미국 자본주의의 성찰을 살펴야 합니다. 극단의 양극화가 진행되면서 사회적 갈등이 깊어지기로는 미국과 우리 사회가 닮은꼴이기 때문입니다. 이제는 복지를 중심으로 하는 복지 자본주의로 방향 전환을 함으로써 복지 민주주의를 구현할 필요가 있습니다. 일부의 정치적 이해를 반영하는 정략적 접근이나 땜질식 복지 처방은 복지의 근본 정신을 훼손하고 우리 경제의 미래를 더욱 어둡게 할 뿐입니다. 무상급식으로 시작된 우리 사회의 복지 담론은 복지에 대한 국민의 여망과 국가의 비전을 구체화해 주고 있습니다.

'요람에서 무덤까지'라는 상징적 표현으로 보편적 복지의 원형을 만든 영국의 베버리지 보고서처럼, 한국 사회의 경제와 복지 제도 전반을 새롭게 구상하는 현대 한국판 베버리지 복지 체계를 만들 때입니다. 이를 바탕으로 자치 확대를 통하여 공동체 정신을 회복하고, 정치적 민주화 단계를 넘어서 사회·경제·정보 면에서도 민주주의가 일상에서 살아 숨쉬는 '실질 민주주의' 사회를 만들어 가야 합니다.

교육 또한 정치·경제·사회적 작용과 불가분의 관계를 맺습니다. 무상급식을 넘어서 무상교육으로 이어지는 교육 복지 확대, 그리고 교육의 자치 능력을 높이는 교육자치 강화, 그리고 이를 통해 학교 문화 전반을 개혁하는 교육 민주주의가 실현되어야 합니다. 교육과 복지가 긍정적 상호작용으로 한국 경제와 문화 전반을 발전시켜 나가는 사회를 꿈꾸어야 합니다.

'국격'은 국가의 경제 규모만을 의미하지 않습니다. 국민 한 사람 한 사람이 품격 있는 삶을 살아갈 수 있는 사회를 만드는 일이 국격을 높이는 길입니다.

핀란드 아이들을 행복하게 하는 것은 학교교육의 힘만이 아닙니다. 국가와 사회 전체의 안정성과 평화의 힘이기도 한 것입니다.

위기의 대안은
미래형 복지국가

세계경제가 요동을 치고 있습니다. 미국의 뉴욕 맨해튼 자유광장에서 벌어지는 시위, 그리스·칠레 등의 상황, 각국의 새로운 대처 방안이 연일 주요 뉴스로 다루어집니다. 다행히 한국 경제가 소용돌이의 중심에 있지는 않지만, 유동성이 심한 한국 경제의 특성상 미래를 마냥 낙관할 수만은 없습니다.

대안은 분명합니다. 지속 가능한 안정적 성장을 위해서는 보편적 복지 방식의 '미래형 복지국가'로 서둘러 전환해야 합니다. 아울러, 교육과 복지를 소모성 지출로 보는 시각이 여전히 존재하고 있는 현실에서, '왜 보편적 복지이고, 그를 위한 재원을 어떻게 마련할 것인가?'에 대하여 국민적 공감을 확보하기 위한 논의를 확대해야 합니다.

경기도 교육청의 무상급식을 기폭제로 촉발된 보편적 복지 의제가 최근에는 반값 등록금 문제 등으로 확산되고 있고, 이에 대한 국민적 합의 수준도 높게 나타나는 것은 바람직한 일입니다. 선별적 복지를 중심으로 하는 복지 정책은 선진국으로 도약하는 과정에서 미흡하기 짝이 없다는 국민적 각성을 이제 더는 외면할 수 없습니다.

복지는 경제를 선순환시킵니다. 2000년대에 교육 · 보건 · 복지 사업의 경제성장 기여율이 8.2%였던 반면에, 건설업의 기여율은 4%에 그쳤다는 연구 결과가 있습니다. 보편적 방식의 복지는 일자리 창출, 사회안전망 확충으로 사회적 통합력을 강화합니다. 보편적 복지 확대가 지금의 경제난을 헤쳐 나가는 실질적인 대안인 것이지요.

구체적으로는, 의무교육은 물론이고 영유아 교육비 전면 지원 및 고등학교 무상교육을 앞당겨 실시해야 합니다. 경기도 유아교육 예산을 살펴보면, 유치원과 보육 시설을 이용하는 0세~5세 영유아 전면 무상교육을 위해서는 기존 지원 예산 1조 8백억 원 외에 약 4,500억 원 정도의 추가예산이 필요합니다. 또, 고교 무상교육 실현을 위해서는 약 7,700억원 정도가 추가로 필요합니다. 결국, 영유아 무상교육과 고교 무상교육에 총 1조 2,200억 원 정도의 추가 비용이 발생하는 셈이지요.

이 추가예산을 지방교육자치단체와 지방자치단체의 힘만으로 마련하기는 현실적으로 어렵습니다. 따라서 의무교육을 비롯하여 영유아 교육비 전면 지원 및 고교 무상교육 도입을 국가적 차원에서 중앙정부가 적극 검토해야 합니다. 이는 정부 재정지출 구조와 조세 체계의 개혁을 통해 충분히 가능한 일입니다.

복지 확대는 필연적으로 복지 예산 확충과 연계될 수밖에 없습니다. 따라서 우리 사회도 이제는 부유세 등 증세를 위한 조세 체계 개혁 및 재정지출 구조 개혁으로 복지 예산을 적극적으로 확충해 가야 합니다.

더블딥의 구체화와 제2차 금융 위기 등 낮은 수준의 공황 가능성이 제기되고 있는 상황에서 세계경제의 위기를 극복하기 위한 여러 국제적 흐름이 만들어지고 있다는 점을 주목할 필요가 있습니다. 고소득자의 증세를 골자로 한 미국의 버핏세, 프랑스·독일 등의 부유세, 이탈리아의 연대세 도입을 위한 조세 개혁 움직임은 자본주의의 지속 가능한 성장을 위한 위기 극복 노력의 일환입니다.

우리 조세 현실은 어떤가요? OECD 국가들의 조세부담률 평균이 25.8%인 데 견주어 우리는 20% 미만이고, 사회보장기여금을 합한 국민부담률 또한 OECD 평균에 비해 8% 이상이나 낮습니다. 따라서 부유세·연대세 신설 등의 국제적 흐름을 참고하여 종합적인 증세 방안을 마련하는 등 조세 개혁을 서둘러야 하고, 복지 예산 또한 최소한 OECD 평균 수준은 확보해야 합니다. 물론, 국민들도 세금 제대로 내고 복지 혜택을 제대로 누리겠다는 의식 전환이 필요합니다.

보편적 복지를 일반화한 나라는 경제·금융 위기 국가 명단에 쉽게 이름을 올리지 않습니다. '보편적 복지국가'는 극단적인 양극화가 진행 중인 우리 공교육의 붕괴를 막아 줄 안전장치로서, 대한민국의 미래를 가늠할 가장 중요한 의제로 다루어져야 합니다.

무상급식을 통해 보편적 복지의 문이 열렸다면, 이제는 복지의 양과 질, 영역의 확대 및 복지 재정 확충과 관련하여 본격적인 '복지국가' 담론을 펼쳐야 할 때입니다.

무상급식을 넘어 보편 복지와 사회서비스 확대로

무상급식이 몰고 온 우리 사회의 미래 논쟁

모든 인간은 태어날 때부터 존엄한 존재입니다. 보편적 복지국가에서는 인간다운 삶을 누리는 것은 누구에게나 부여된 권리입니다. 이 권리는 성별과 나이, 지역과 빈부, 종교와 인종, 그리고 신체 조건과 장애 등의 모든 개별적 조건에 앞서는 것으로, 민주주의의 기본 가치입니다. 이 권리를 누리는 데 차별이 있어서는 안 되므로, 모든 이에게 예외 없이 적용합니다. 그리고 이를 보장하는 것은 정부와 국가의 궁극적 책임이자 존재 이유입니다.

 일반적으로 선진 복지국가들은 교육과 보육, 의료, 노후 대책, 일자리,

주거 등 인간이 사회생활을 영위하는 데 필요한 기본 요소들의 대부분을 '권리'의 범주로 인식하고 국가는 그에 필요한 역할을 수행합니다. 물론, 그 '권리'의 범위를 어디까지로 할 것인가는 그 나라의 경제 발전 정도와 사회 · 문화적 환경에 따라 달라질 수 있지만, 국가와 사회가 추구해야 할 가장 중요한 지향으로서 '보편적 복지'를 상정하는 것은 당연한 일로 받아들입니다.

그러나 안타깝게도, 그동안 우리 사회는 그 많은 복지 영역 중에서 교육과 의료 등 일부 영역에서만 제한적으로 '보편적 복지'를 적용해 왔습니다. 그 결과는 소득수준이 높아져도 양극화는 더욱 심해지고 사회적 통합력은 더욱 약화되는 악순환을 거듭하는 것으로 나타났습니다.

무상급식 논쟁은 '우리에게 어떠한 복지가 필요한가?', 그리고 '우리 사회의 미래상을 어떻게 그릴 것인가?'에 관한 문제입니다. 성장 지상주의에 뿌리를 둔 국가 주도 경제개발 모델의 후과로, 그동안 우리 사회의 지배적 복지 관념은 '선별적 · 시혜적 복지'일 수밖에 없었습니다. 복지는 가난하고 불쌍한 사람들에 대한 '온정'의 문제였고, 따라서 납세자와 수혜자가 서로 다른 개념으로 이해되었지요. 나라 살림의 많은 부분을 경제개발에 쏟아부을 때 복지는 언제나 우선순위에서 밀려났고, 그 결과 저소득층의 상대적 빈곤감은 더욱 커져 왔습니다. 이러한 경제 양극화는 교육 양극화와 '부의 대물림' 현상을 고착시키면서 교육의 본질과 공공성을 심각하게 왜곡하는 주요 원인으로 작용해 왔습니다.

우리 정부의 예산은 그 규모가 상대적으로 작은 데다 경제 분야의 비중이 큰 것이 특징입니다. 작은 나라 살림에서 큰 덩어리는 경제 분야로 갑니다. 경제 여건이 안정 궤도에 들어섰는데도 국가가 경제성장을 주도하면서 막대한 재정을 투입하지요. 정부의 총지출 가운데 경제 부문이 차지하는 비율은 OECD 국가 중에서 가장 높습니다.

복지 부문은 그 반대입니다. OECD 국가들의 경우 정부 총지출 중 복지 예산의 비율이 대체로 50%를 넘는 반면, 우리나라는 20% 후반대에 불과합니다. 나라 살림 규모가 작은 데다 그나마 복지를 후순위로 돌리다 보니 당연히 복지에 쓸 돈이 없고, 따라서 '선별' 할 수밖에 없습니다.

정부 지출에서 국방비가 많은 비중을 차지한다는 점을 감안하더라도, 우리 복지 예산 구조는 외국과 확연히 차이가 납니다. 재정지출 구조의 방향 자체가 다른 것이지요. 이 같은 한국의 예산 구조는 세계적인 추세에 견주어 보면 매우 비정상적입니다. 유독 우리나라에서만 토건 산업을 중심으로 하는 경제 예산이 오랫동안 복지 예산을 압도해 왔습니다. 한국 사회의 미래와 삶의 질을 위해서는 경제 부문 재정지출 비중을 줄여서 복지 부문 지출을 늘릴 필요가 있습니다.

이제 복지에 대한 생각을 완전히 바꾸어야 합니다. G20 소속 국가들 중 다수가 시행하고 있는 '보편적 복지' 정책은, 복지야말로 수요와 일자리를 창출하고 사회를 안정시키는 길임을 말해 줍니다. "부잣집 아이들에게도 무상급식이 필요한가?", "무상급식 때문에 다른 교육예산이 부족해져서 교육의 질이 악화된다"는, 얼핏 듣기에 그럴듯한 주장은 우리 사회의 복지 현실에 대한 몰이해를 보여 주는, 악의적이고 정파적인 왜곡일 따름입니다.

예산이 없다는 주장도 진정성이 없습니다. 무상급식 연간 예산 1조 9,000억 원이면 초·중생 모두가 안심하고 밥을 먹을 수 있습니다. 토건 사업과 전시성 사업의 예산을 조금만 줄여도 다른 교육예산을 줄이지 않고 무상급식 예산을 마련할 수 있습니다. 2009년에 재정 자립도가 가장 낮은 전라북도에서 무상급식 실시 비율이 가장 높았던 반면에 자립도 95%인 서울은 0%였다는 사실은, 무상급식이 돈의 문제가 아니라 의지의 문제임을 대변해 줍니다. 심지어 여당 인사마저 다른 복지 예산의 희생 없이 전면 무상급식이 가능하다고 단언하고 있지 않은가요?

지금 우리 사회에서는 무상급식에 이어 반값 등록금, 의료, 노후 보장, 일자리 등을 보편적 방식의 복지로 확대하자는 국민적 공감이 크게 일고 있습니다. 따라서, 우리에게 지금 진정 필요한 것은 무상급식으로 촉발된 '보편적 복지' 의제를 확산시켜 나가기 위한 철학과 정책입니다.

무상급식이라고 쓰고
인권이라고 읽는다

정치권 일각에서는 무상급식을 '부자 급식' '좌파 포퓰리즘' 이라고 비난하지만, 기존의 저소득층 무료급식은 학생들에게 눈칫밥이라는 '낙인 효과(stigma effects)' 를 안겨 줌으로써 인권과 교육권을 심각하게 침해하고 있습니다. 예컨대, 차상위계층의 자녀가 무료급식을 신청하려면 건강보험증이나 부모의 실직 여부를 확인할 근거를 학교에 내야 하는 식입니다. '밥을 얻어먹으려면 먼저 가족의 무능을 증명하라' 는 식이니, 교육을 한다는 학교에서 할 일이 아닙니다. 학생이 아침에 교문을 들어서서 학교를 떠날 때까지 일어나는 모든 일, 그중에서도 아이들이 심리적 안정감 속에서 공부할 수 있도록 살피는 일은 그 자체가 학교 교육과정이라고 보아야 합니다. 교육을 단지 입시를 위한 기계적인 지식 전달 과정으로만 이해하는 철학의 빈곤이야말로 우리 교육의 난맥상을 더욱 깊게 한 주요 원인이었습니다.

서울대 조흥식 교수는 이념이나 경제 논리보다는 아동 인권 논리에서 무상급식 논쟁의 핵심을 찾아야 하고 공교육의 일환으로 그 비중을 높여 가야 한다고 주장하면서, "무상급식이라고 쓰고 인권이라고 읽는다"는 말로 이를 명제화한 바 있습니다.

무상급식, 나아가 친환경 무상급식을 실시해야 하는 당위성은 다음과 같습니다.

첫째, 무상급식은 헌법에서 규정한 의무교육의 연장이라는 것입니다. 헌법 제31조 3항의 "의무교육은 무상으로 한다"는 원칙과, 학교급식법 제6조 1항의 "학교급식은 교육의 일환으로 운영되어야 한다"는 조항을 종합하면, 무상급식은 의무교육의 일환이므로 마땅히 국민의 권리 영역이자 정부의 책무로 받아들여져야 합니다.

저소득층 학생만을 대상으로 하는 급식 지원은 무료급식 대상 학생에게 상처와 좌절을 남길 뿐 아니라, 학생들 사이에서 위화감을 일으키고, 공동체의 건강한 성장을 방해합니다. 이는 결코 교육적이라고 볼 수 없습니다. 무상급식은 우리 아이들의 신체와 정신이 건강하게 발달하도록 도와야 한다는, 기성 사회의 책무로 인식되어야 합니다.

둘째, 무상급식은 국민 대다수가 그 취지에 공감하는 대표적인 정책입니다. 무상급식이 사회적 의제가 된 이후 나타난 가장 큰 변화는 많은 국민들이 '복지'를 '권리'로 인식하기 시작했다는 점일 것입니다.

실제로 2009년에 조흥식·안현호 교수 팀이 경기도 내 학부모·교직원·학생 4,397명을 대상으로 실시한 설문 조사 결과, 학부모의 89.6%, 교직원의 81.3%, 학생의 89.3%가 무상급식에 찬성하는 것으로 나타났습니다. 찬성률보다 중요한 것은 그 이유입니다. 학부모와 교직원 등 절대다수가 '부모의 소득수준과 상관없이 평등하게 급식이 제공되어야 한다'고 생각하며, '의무교육 기관에 대한 급식은 헌법에도 보장된 국가 책임'이라는 인식 또한 급속히 확산되고 있다고 합니다.

2010년 6·2 지방선거를 앞두고 〈MBC 라디오, 손에 잡히는 경제〉 프로그램에서 실시한 무상급식에 대한 설문 조사 결과도 그와 크게 다를 바가 없었습니다. 무상급식 실시에 대한 찬성 의견이 연령과 남녀, 소득 수준과 관계없이 대부분 87%에 육박하는 것으로 발표된 바 있습니다. 나아가, 고등학교까지 무상급식을 확대해야 한다는 비율도 절반을 훌쩍

넘었고, 직영화 필요성에 대한 공감도 69%에 이르렀습니다.

이처럼 국민들은 이미 무상급식을 기본적 교육 복지이자 의무교육의 한 부분으로 생각하는데, 이를 '현실의 인기에 급급하고, 국민을 현혹시키는 인기 위주의 포퓰리즘', 혹은 '좌파 급식, 북한식 사회주의 논리, 부자 급식, 여타 교육 인프라 구축을 막는 요인'이라 폄하하는 것은 억지에 지나지 않습니다.

셋째, 무상급식은 학부모의 과중한 교육비 부담을 줄이고 교육의 양극화를 완화시켜 줍니다. 모두가 알고 있듯이, 우리나라 학부모의 교육비 부담은 세계 최고 수준입니다. 통계청이 발표한 '2011년 사교육비 조사' 결과에 따르면, 2011년 사교육비 규모는 총 20조 1천억 원으로 국내총생산(GDP)의 1.6%를 차지합니다. OECD 발표는 그 이상입니다. 한국의 각 가정이 학원 수업료로 한 달 수입의 8%를 지출하며, 이는 GDP의 2.2%에 해당한다고 추산했습니다.

사교육비가 학벌사회와 과도한 입시 경쟁이 낳은 고통의 산물이라면, 공교육비와 정부의 교육 재정 규모는 교육의 공공성에 대한 정부의 인식과 복지 수준을 말해 줍니다. 2011년 9월 발표된 '2011년 OECD 교육지표 조사'에 따르면, 한국의 GDP 대비 공교육비 비율은 7.6%로 OECD 34개 회원국 가운데 아이슬란드에 이어 2위를 차지하고 있습니다. 이는 회원국 평균인 5.9%를 훨씬 웃도는 수치입니다. 하지만, 공교육비는 학생 수와 연동되는 것입니다. 학생 수를 감안한 1인당 공교육비는 OECD 평균 수준이거나 그보다 낮아서, 우리가 공교육에 더 많이 투자한다고 볼 수 없습니다.

더 큰 문제점은 공교육비 가운데 정부가 부담하는 비율이 낮다는 것입니다. 이는 사부담 공교육비 비중이 커서, 공교육 기관에 보내면서도 학부모가 부담해야 하는 비용이 매우 크다는 것을 의미합니다. 7.6% 가운데 정부가 부담하는 비율 4.7%를 빼면, 민간에서 부담하는 몫은 2.9%로 조사 대상국 가운데 가장 큽니다. 다른 OECD 국가들의 경우, 평균 공교육비 5.9% 가운데 정부 부담분이 5.0%로 우리나라보다 많고, 민간 몫은 0.9%로 우리의 3분의 1이 채 안 됩니다. 결국, 다른 OECD 나라들에서는 전체 공교육비 중 정부 재정이 차지하는 비중이 평균 85%인데 비해, 우리나라는 62%에 불과합니다. 이처럼 공교육비 구성이 '공공적'이지 못한 탓에, 우리 학부모들은 공교육 영역에서도 큰 교육비 부담을 떠안고 있습니다. 사부담 공교육비의 가장 대표적인 것인 급식비입니다. 따라서, 무상급식이 시행되면 학부모의 교육비 부담을 줄여 교육 복지 확대에 큰 도움을 주게 됩니다.

넷째, 무상급식은 국민 전체의 복지 수준을 한 단계 높여 줌과 동시에 우리 경제를 선순환 성장으로 나아가게 하는 강력한 방안입니다. 무상급식은 저출산 문제 해결을 위한 방안이자 사회적 생산성을 높이는, 국가의 미래를 위한 보편 복지 정책으로 이해되어야 합니다. 이는 경제 면에서도 '성장과 복지의 선순환' 모델이 될 것이며, 지역 경제와 국내

농업 발전 등으로 이어져 고용 창출과 생산 유발 효과를 가져다줄 것입니다.

무상급식에서 보편적 방식의 복지와 사회서비스 확대로 나아가야

무상급식에 대한 국민적 공감은 단지 한 끼 '밥'을 무상으로 제공하는 문제의 수준을 이미 넘어섰습니다. 그것은 우리 사회와 국민의 관심이 새로운 단계에 진입했음을 보여 주는 징표입니다. 한국 사회의 경제 수준과 문명화 정도, 그리고 복지에 대한 높은 기대 수준을 감안할 때, 적어도 공교육 영역에서는 학생들의 신체와 정신의 건강한 발달을 국가가 책임지고 도와줄 의무와 능력이 있다고 우리 국민은 판단하고 있습니다.

무상급식으로 대표되는 교육 복지 확대는 본디 파당적 이해관계에 좌우될 문제가 아닙니다. 특정한 정파적 이익에 따라 다수 권력의 힘으로 정책 추진을 무산시키려 들다가는 국민적 지탄의 대상이 되고 만다는 것을, 우리는 지난번 지방선거에서 이미 경험한 바 있습니다. 이러한 결과는 한국 사회가 그동안 누려 왔던 고도성장의 신화가 이미 효력을 다하고 있음을 말해 줍니다. 양극화 확대로 인한 사회적 갈등의 심화, 고용 없는 성장, 빠른 속도로 진행되는 노령화와 출산율 저하, 여성의 사회활동 증가 등, 우리 사회는 새로운 구조 변화의 길목에 서 있습니다.

21세기 균형 발전을 위한 새로운 성장 동력을 확보해야 할 시점인 것이지요. 이 동력은 더 이상 토건 사업에서 나올 수 없습니다. 결국, 보편적 방식의 복지와 사회서비스 확대에서 그 해법을 찾아야 합니다. 기득권 세력이 여전히 신자유주의의 유효성을 강조한다면, 민주개혁 세력은 신자유주의를 대체할 새로운 국가 비전을 모색해야 합니다.

우리 사회는 세계화의 충격과 양극화의 심화라는 안팎의 조건을 고려할 때 이중 과제를 안고 있습니다. 무상급식 확대와 같은 복지국가의 기틀을 세우는 보편적 복지의 강화와, 청년 실업과 비정규직 문제 등을 해결하기 위한 적극적 복지의 강화가 그것입니다.

특히 교육 영역은 개혁이 시급합니다. 우리 교육이 사회계층 간 이동 활성화와 사회 통합의 기반이 되도록 하기 위한 교육 혁신은 이제 더는 미룰 일이 아닙니다. 교육 혁신의 방향은 분명합니다. 복지 확대와 새로운 학교 문화 창출을 통해 공교육 전반의 정상화를 도모한다는 것이지요. 무상급식은 한걸음 더 나아가 무상교육에 의한 보편적 교육 복지 체계 구축으로 이어져야 하고, 이는 소득재분배와 교육의 실질적 기회 균등이라는 교육 공공성 강화로 완성되어야 합니다. 영·유아의 보육과 교육, 그리고 고등학교 교육을 완전 무상화하여 무상교육의 범위를 양적으로 확대해 나가는 한편, 학교 운영 지원비와 체험 학습비, 학습 준비물 비용 등 교육에 필요한 비용도 공공의 책임으로 돌림으로써 무상교육의 질적 내용도 확충해 가야 합니다. 또한, 학교와 교사는 중앙정부의 획일적·관료주의적 통제에서 벗어나 자발적이고 능동적인 '학습 공동체' 문화를 만들어 넴으로써 진정한 경쟁력을 지닌 교육으로 거듭나야 합니다.

　우리 사회는 무상급식 논쟁을 통하여 새로운 민주화 단계에 진입했습니다. 정치적 독재와 권위주의를 넘어서 정치적 민주주의를 달성한 이후의 과제 설정에서는 경제적·사회적 양극화를 극복하는 사회·경제적 민주화와, '미래 지향적 복지국가를 어떻게 이룰 것인가?'가 핵심이 되어야 할 것입니다. 무상급식 의제는 우리 사회가 이제 역동적 복지국가로 나아가려 한다는 신호탄이 되어야 합니다. 교육계는 물론이고 우리 사회 전체가 냉철하고 생산적인 지성을 발휘하여 사회적 합의를 만들어 갈 때입니다.

인권은
곧
교육입니다

경기도 학생
인권조례의
의미와 과제

지금 대한민국 교육에서 가장 커다란 이슈 중 하나는 학생인권입니다. 한국에서 최초로 법제화되어 2010년 10월 5일 공포된 '경기도 학생인권조례'는 한국 교육과 사회 현실을 성찰하는 계기이자, 미래 교육의 방향을 둘러싼 커다란 논란의 기폭제가 되었습니다. 아울러, 학생인권 보장의 범위와 방법, 학생인권과 교권의 관계, 학생인권 보장이 학생과 학교 문화에 미치는 영향, 나아가 한국 교육이 지향해야 할 목표와 방향에 대한 본질적 질문으로까지 확대되면서 생각과 이해를 달리하는 수많은 사람들이 다양한 매체와 네트워크 등을 통해 현실에 대한 분석과 대안적 논의들을 펼치고 있습니다.

물론, 이 과정이 항상 생산적이고 미래지향적인 논의로만 이루어지는 것은 아닙니다. 안타깝게도 때로는 반봉건적이고 전근대적이며 군사 문화적 관행과 정서에 바탕을 둔 반지성적, 반민주적인 목소리들이 섞여 나오는 것도 사실입니다.

그러나 저는 우리 사회의 지성과 민주적 역동성을 믿습니다. 한국 사회는 한국전쟁과 분단, 군사독재와 압축적인 고도성장의 그늘이 만들어 낸 고통과 좌절을 극복하고 자력으로 민주화를 성취한 경험, 그리고 IMF 구제금융 위기와 국제 금융 위기를 극복하면서 지속적인 경제적 성장을 이루어 내는 저력을 지닌 사회입니다. 따라서, 저는 학생인권조례가 몰고 온 파장 또한, 한층 선진화된 교육 문화와 시스템을 구축해 나가는 과정에서 겪기 마련인 진통이며, 한국 사회는 충분히 그럴 만한 역량과 지성을 가지고 있다고 믿고 있습니다.

한국 학생인권의 현실과
경기도 학생인권조례의 의미

행복한 학교는 우리 모두가 꿈꾸는 학교입니다. 이러한 꿈의 실현은 결코 쉽지 않지만 그렇다고 불가능한 일도 아닙니다. 저는 인권 문제와 관련해서 우리가 제일 먼저 넘어야 할 가장 높은 벽은, 혹시라도 우리 모두가 조금씩 가지고 있을지도 모를, 잘못된 관행 속에서 화석화된 선입견과 편견이라고 생각합니다.

인권이 상호 존중되는 속에서 평화롭게 성장한 경험을 갖지 못한 사람과 사회는 일반적으로 인권과 평화에 대한 감수성이 약하고 일상적으로

폭력을 내면화하는 경우가 많다는 것은 수많은 연구 결과가 밝히고 있는 바입니다.

한국의 학생인권상황은 GDP규모 세계 15위권의 경제적 성장과 한국 교육의 거대한 양적 성장, 그리고 학생들의 우수한 학력과 교사들의 자질에도 불구하고 시급하게 개선해야 할 많은 문제를 안고 있습니다.

어린이와 청소년들의 여러 상황을 비교 조사한 각종 국내외 통계들은 대한민국 학생들이 처한 어려운 현실을 명확하게 보여 줍니다. 학생들이 느끼는 학습 부담감은 가장 크고 가정과 학교에서 폭력적 경험을 당하는 비율도 매우 높은 편입니다.

이는 군사독재와 압축 성장의 과정에서 기성세대가 내면화한 불안과 분노 같은 개인적·사회적 트라우마에 기인한 폭력 불감증이 사회적 유전자로 답습되고 전이되는 양상이 아닌지 우려를 갖게 하기에 충분합니다.

학생들의 폭력도 예외가 아니며, 그 양상이 점차 저연령화, 여학생 증가, 흉포화하는 경향을 보이고 있는 것 또한 한국 사회가 안고 있는 커다란 걱정거리입니다. 특히 작년 말 대구에서 왕따와 학교폭력으로 고통받던 중학생이 자살하면서 던진 충격으로 한국 사회 전체가 벌써 몇 달 째 몸살을 앓고 있습니다.

집단따돌림, 집단이 개인에게 가하는 폭력이 증대하고, 부모와 교사를 적대적으로 대하거나 음주·흡연·게임 중독에 빠지는 아이들이 늘어나고 있습니다. 초등학생 10명 중 7명이 학교에 가기 싫어한다는 통계가 나오기도 합니다. 성적 비관 자살이 급격히 증가했고, 청소년 20명 중 1명은 실제로 자살을 시도한다는 통계도 나와 있습니다. 우리 어린이와 청소년들의 삶의 환경이 얼마나 반인권적이고 반평화적인지를 보여주는, 참으로 안타까운 지표들입니다.

학생들의 상처를 보듬고 바른 길로 인도해야 할 학교와 교사들 중 일부가 부주의하고 무책임한 언행으로 발생시키는 폭력과 반인권적 상황도 위험한 수준입니다.

그런데도, 교육 양극화가 급속히 진행되는 상황에서, 또 대학 입시 실적과 성적으로 우열을 매기는 학교 문화 속에서 이러한 폭력은 대부분이 '관행'과 '교육'의 이름으로 정당화되어 왔습니다.

결국, 인권 친화적인 삶의 감수성을 내면화할 축적된 경험과 체계적인 교육의 부재, 그리고 반인권적 사회 문화가 우리 아이들을 반평화·반인권적 상황으로 내몰고 있다는 반성, 그리고 이를 극복하고자 하는 한국 사회의 열망이 모여 학생인권조례를 탄생시켰다고 할 수 있습니다.

우리는 학생인권조례를 제정하는 과정에서 인권이 존중되는 행복한 학교를 실현하기 위해서는 한국의 법과 규칙이 국제적인 인권 기준과 한국적 인권상황에 맞닿아 있어야 한다고 생각했습니다. 그래서 인권의 핵심 가치를 담은 10가지 인권 규범을 설정하고 제정 작업을 진행하였는데, 이는 다음과 같습니다.

첫째, 학생이 인권의 존엄한 주체로 존중받는 학교

둘째, 학생이 참여하고 결정하는 체험을 할 수 있는 학교

셋째, 학생이 차이를 존중하되 차별에 맞설 줄 아는 능력을 키워 주는 학교

넷째, 학생들이 감당할 만한 정도의 교육을 받는 학교

다섯째, 학생의 인격을 존중함으로써 학생들이 다른 사람과의 관계에서 책임감
을 배울 수 있는 학교

여섯째, 단순히 학습 능력만 배양하는 것이 아니라 학생들의 삶을 총체적으로
돌보는 학교

일곱째, 학생들의 권리를 종합적으로 이해하고 실천하는 기반을 갖춘 학교

여덟째, 학생의 권리를 보장하기 위해서 학생 자신은 물론 선생님, 보호자, 지역
사회, 민간단체 및 기타 시민사회를 대표하는 기관들이 서로 협력하여
조화를 이루는 학교

아홉째, 선생님의 권한과 역량이 강화된 학교

열째, 학생들이 자신의 인권 침해를 구제받을 수 있는 수단과 절차를 다양한 수
준에서 보장하는 학교

경기도 학생인권조례
제정 과정

저는 주민이 처음으로 직접 뽑은 교육감으로서 학생과 교사 모두가 행
복할 수 있는 학교 공동체의 터전을 일구기 위한 첫 단추로, 취임 직후

학생인권을 법으로 보장하는 경기도 학생인권조례안을 발의하는 작업을 진행하였습니다.

누구나 알고 있듯이, 모든 인간은 태어날 때부터 존엄한 존재입니다. 헌법도 인간이 존엄한 존재이며 누구나 행복을 추구할 권리를 가진다고 확인하고 있습니다. 모든 인권은 인간이기만 하면 누구나 누릴 수 있는 권리입니다. 아직 어리다는 이유로, 아직 더 배워야 할 학생이라는 이유로, 성적을 올려야 한다는 이유로 인권이 유보될 수는 없다고 생각했습니다. 특히 한국의 교육 현실에서 학생인권 침해가 오랜 기간 관행적으로 지속되어 왔고 그것이 한국 교육을 왜곡해 왔기 때문에, 학생인권 존중을 통해 새로운 학교 문화를 만들어 가는 것이 진정한 교육 경쟁력을 확보하는 데 중요한 계기가 된다고 믿었습니다.

시간이 흐른다고 어린이와 청소년들이 자동으로 민주 시민으로 성장하는 것은 아닙니다. 서로 존중하고 존중받으면서 인간의 존엄성에 대한 경험을 쌓아야 합니다. 그 소중한 교육 경험이야말로 존엄한 인격을 향한 가장 큰 디딤돌입니다.

우리 교육청은 학생인권조례 자체가 한국 사회에서 낯선 개념인 탓에 제정은 물론이고 정착 과정에서도 수많은 난관이 있을 것으로 충분히 예상했습니다. 따라서 법 제정 과정 자체가 학생인권 현실에 대한 사회적 합의를 이끌어 내는 계기가 되어야 된다고 생각했습니다. 그래서 법 제정 절차에 만전을 기하였고, 모든 과정을 투명하게 공개하면서 진행했습니다.

취임 직후인 2009년 5월 28일 인권조례 제정 계획을 수립하고 인권 전문가와 교장·교사가 함께 참여하는 인권조례 자문위원회를 구성하고 공청회 등을 거쳐, 2009년 12월 17일 경기도 학생인권조례 초안을 발표하면서 본격적인 사회적 공론화 과정에 들어갔습니다.

초안이 발표된 이후, 한국 사회에서는 학생인권조례를 둘러싸고 치열한 논란과 공방이 벌어졌습니다. 대부분의 유력한 언론들이 인권조례 도입에 대한 환영과 반대의 입장을 기고문과 토론, 기획 프로그램과 기사, 사설 등을 통해 쏟아 내면서 교육 현실 전반에 대한 격론이 벌어지기도 했습니다.

인권조례에 반대하는 논리는 크게 보면 다음과 같습니다. 첫째, 학생인권조례는 사치이고 한국 사회에서 시기상조다. 둘째, 학생인권조례는 미성숙한 학생들의 무질서, 방종, 폭력을 조장하므로 반교육적이다. 셋째, 학생인권조례는 교권을 추락시키고 교사들의 학생 지도를 더욱 어렵게 한다. 넷째, 학생인권조례가 옳은 교육을 망친다.

또, 구체적인 쟁점 조항들은 △모든 형태의 차별 금지 △두발 길이 자유 보장 △복장 자율 △수업 시간 외 학내 집회 보장과 사상의 자유 △반성문 강요 금지 △정규 교과 이외의 야간 학습, 보충수업에 대한 학생·학부모 선택권 보장 △체벌 전면 금지 △ 수업 시간 외 휴대폰 소지 허용 및 일률적인 소지품 검사 금지 △학교 운영과 교육정책 참여권 보장 △특정 종교 행사 참여 강요 금지 및 대체 과목 없는 종교 과목 수강 강요 금지 등이었습니다.

우리는 이러한 반대 논리와 핵심 쟁점에 대하여 인권은 인간의 기본권이며 교육적 본질을 구현하는 것임을 시민사회와 함께 차분하게 설득하고 대응해 나갔습니다. 이러한 공론화 과정에서 일부 조항이 수정된 것을 제외하고는 대부분이 원안대로인, 총 5장 47조와 부칙으로 구성된 인권조례안이 의회를 통과하여, 마침내 2010년 10월 5일 학생인권조례 선포와 함께 이날을 경기도 학생인권의 날로 제정하기에 이르렀습니다. 그리고 그 뒤 5개월여 동안 규정 개정 심의위원회 구성과 인권조례에 준하는 학칙 개정, 그리고 인권조례 세부 시행규칙 제정의 과정을 거쳐 작년 3월 1일부터 경기도 내 모든 학교에서 인권조례가 전면 발효되었고, 이제 1년의 시간이 흘렀습니다.

인권조례 공포
이후의 과제

수많은 우려와 논란 속에서도, 경기도 학생인권조례가 한국 교육의 새로운 문화와 지평을 열어 나가는 중요한 계기가 될 것으로 판단하는 분들이 많습니다. 실제로, 작년에는 서울과 광주에서 인권조례가 제정되었고, 다른 지방교육자치단체에서도 학생인권조례 제정 작업을 서두르고 있습니다.

본격 시행된 지 1년이 지났지만 경기도 학생인권조례는 아직도 넘어야 할 장벽이 많은 것 또한 사실입니다. 인권은 단순히 법이 제정된다고 해서 보장되는 것은 아닙니다. 인권의 가치와 철학이 구성원들 사이에서 공유되고, 그것이 하나의 국가적·사회적·개인적 행위의 규범으로서 작용할 때, 비로소 그 법은 진정한 효력을 발생시킬 것입니다. 저와 우리 교육청은 한편으로는 교장을 비롯한 교육 공동체 구성원들과 만나 인권조례 정착을 위해 애써 줄 것을 최선을 다해 호소하고 설득하고, 다른 한편으로는 법 조항을 지키지 않는 학교의 상황을 파악하고 제재 수단을 강구하기도 했습니다.

또 하나의 벽은 중앙정부와의 견해 차이입니다. 학칙 인가권과 '체벌 금지'를 둘러싼 갈등이 해결되지 못하고 있는 것이 그 대표적인 예입니다. 경기도 학생인권조례는 직접 체벌은 물론, 학생들에게 신체적인 고통을 가하는 모든 체벌을 금지하고 있습니다. 그러나 중앙정부는 기합과 같은 '간접 체벌'을 허용하고, 교육감이 가지고 있는 학칙 인가권을 폐지하는 쪽으로 초·중등교육법 시행령을 개정하기도 하였습니다.

저를 비롯한 많은 교육·인권·시민사회 단체에서는 이러한 교과부의 입장이 학생인권 보장은 물론이고 한국의 교육 문화를 개선하는 데 보탬이 되지 않을뿐더러 교육자치의 정신에 위배된다는 점을 분명히 하고 있습니다.

또 하나, 학생인권이 교권과 충돌하고 학생지도와 학습 능력 향상에 부정적 영향을 끼칠 것이라는 일부 교직원과 학부모들의 우려도 학생인권조례의 조기 정착을 어렵게 하는 요인이 되고 있습니다.

그러나 저는 이러한 갈등과 어려움이 한국 교육이 발전하는 과정에서 필연적으로 치러야 할 홍역이며, 따라서 갈등 자체를 피하려 할 것이 아니라 더욱 치밀하게 준비하고 대안을 제시해 가면서 사회적 합의를 이끌어 내야 한다고 생각합니다.

따라서 저는 이제 국회와 정부에 조례를 넘어서는 가칭 '아동·청소년 인권법' 제정을 촉구하고 있습니다. 대한민국 초·중등교육법에는 "학교의 장은 헌법과 국제 인권규약에 명시된 학생 인권을 보장해야 한다"고 규정하고 있습니다. 이들 법 정신을 구체화하여, 아동·청소년 인권이 실질적으로 보장될 수 있는 더욱 강력한 제도적 방안으로서 아동·청소년인권법 제정을 위한 노력을 계속하고 있는 것이지요.

어느 가정, 어느 교실, 어느 사회, 어느 국가도 갈등이 없을 수는 없습니다. 아니, 갈등이 없는 상태란 무엇인가의 구조적 폭력에 억눌린 상태일 가능성이 더 큽니다. 인권과 평화는 필연적으로 존재할 수밖에 없는 갈등을 폭력적으로 풀지 않고 대화와 화해와 합의를 통해 해결하는 과정과 함께하는 것이고, 이는 곧 교육의 근본정신과 통한다고 믿습니다.

저는 인권이 존중되는 평화로운 교육의 기본은 다른 사람과 집단, 대상을 이해하고 존중하는 상호 관계 속에서 서로를 동등하게 대우하면서 조화롭게 사는 방법을 경험하는 것이라고 생각합니다. 이 세상의 모든 생명은 혼자 살 수 없으며, 다른 생명과 도움을 주고받으며 서로를 살리

는 상생의 구조로 연결되어 있기 때문입니다

  또한, 학생인권을 보장하는 것은, 대한민국의 문제를 넘어 전 세계 학생들의 인권 보장과 관련된 국제적 흐름과 발걸음을 함께하는 일이기도 합니다. 유엔의 아동권리협약과 유네스코 교육차별금지협약 등, 국제적인 기구와 단체에서는 국제사회의 교육이 좀 더 인권 친화적으로 설계되어야 한다고 강조하고 있습니다.

  더욱이, 세계화가 급속하게 진행되는 글로벌 시대에는 국가와 지역, 인종과 종교 등의 경계를 넘어서는 보편타당한 학생인권의 기준을 마련하고 국제적인 연대를 통해 공동의 노력을 펼치는 일 또한 매우 중요합니다.

이 글은 지난 3월 17일, 일본 와세다대학교에서 열린 '2012 아동 권리 포럼' 행사에 기조발제자로 공식 초청을 받아 발표한 강의 원고의 일부분입니다. 이 포럼은 유엔 경제사회이사회로부터 포괄적 협의 지위를 부여받은 국제 NGO인 일본 아동권리협약종합연구소(대표: 기타 아키토 와세다대 교수)가 매년 주최하는 행사로, 2012년에는 학생인권과 학교 개혁, 지역사회 아동·청소년 지원 방안에 관한 아시아 국가들의 사례 발표와 토론을 중심으로 진행되었습니다.

학생의
종교 인권을
생각한다

우리 사회는 동일한 집단이 단일한 목적과 가치에 의해 움직이는 사회가 아닙니다. 이질적 집단의 다원성에 대한 이해와 존중은 이제 한국 사회를 움직이는 중요한 원리가 되고 있습니다. 특히, 통계상으로 인구의 절반이 넘는 약 2천5백만 명이 종교를 가지고 있는 '종교 대국'인 우리나라에서 종교적 다원성에 대한 존중은 한국 사회의 통합을 위한 절대적인 조건입니다.

지난 2010년 4월 22일, 대법원에서 강의석 군 사건에 대하여 "선교 목적의 사학도 종교 자유를 보장해야 한다"는 판결로 상고를 기각함으로써, 2004년 대광고등학교에서 시작된 학생의 종교 인권을 둘러싼 지루한 법정 공방은 일단 막을 내렸습니다.

강 군 사건을 둘러싼 논란의 핵심은 다음과 같습니다.

첫째, 양심 및 신앙의 자유와 선교의 자유 사이의 대립이라고 볼 수 있습니다.

둘째, 자신의 종교적 신념과 다른 종교 행사와 활동, 그리고 종교 교육을 강요받음으로써 종교 인권이 침해된 데 대한 고통을 호소하는 입장과, 선교 목적으로 설립된 종교계 사립학교들의 학생 선발과 교육권은 정당하다는 주장 간의 대립입니다.

그리고 셋째, 종교 사학의 건학 이념에 따른 교육의 자율성을 보장해야 한다는 입장과, 사학이라 할지라도 공교육의 일환인 만큼 교육의 공공성을 우선해야 한다는 주장 간의 대립입니다.

수많은 논란에도 불구하고 종교 자유 쪽의 손을 들어 준 이 판결은 '학생인권'과 '종교 인권'에 대한 법적 기준을 제시한 것으로, 종교 교육의 형식과 내용에 대하여 진지하게 성찰할 기회를 우리 사회에 제공하였습니다. 강의석 군 사태로 종교 자유와 종교 교육에 대한 다양한 논의와 주장이 폭발적으로 분출하고 우리 사회에 존재하는 서로 다른 종교관, 교육관, 청소년 인권 의식 등이 첨예하게 대립·갈등했던 과정을 생각할 때, 이 판결은 매우 역사적인 의미를 가지는 판결이라고 할 수 있습니다.

사실, 특정 교사의 종교 편향과 일부 종교계 사립학교의 종교 차별과 강요는 우리 사회의 해묵은 문제이자 갈등 요소였습니다. 강 군 사건 판결 이후로 많이 달라지긴 했다지만, 요즈음에도 학교교육에서 종교 편향과 관련된 민원이 계속되고 있는 것을 보면 하루아침에 해결될 문제가 아닌 것은 분명합니다. 대표적인 사례를 몇 가지 살펴볼까요?

7차 교육과정 종교 교육 관련 중·고등학교 지침에 "종교 과목을 부과할 경우, 종교 이외의 과목을 포함, 복수로 과목을 편성하여 학생에게 선택의 기회를 주어야 한다"고 못 박고 있으나, 일부 학교에서는 여전히 정규 교육과정 시간에 대체 프로그램 개설 없이 예배 시간을 운영하여 문제가 되기도 합니다. 실제로, 어느 종교계 사립 고등학교에서는 매주 금요일 오전(08:20~09:10)에 인근 교회에서 전교생이 예배를 보고, 1학년 학생 전체를 대상으로 창의적 재량활동 시간에 종교 과목을 단수로 개설하고, 전교생을 대상으로 '신앙 논술 시험'을 치르고, 나의 다짐 시간에 "나는 하느님을 믿는다"를 의무적으로 암송하게 하고, 특정 종교 동아리에 속한 학생의 봉사활동만 봉사활동으로 인정해서 문제가 된 적이 있습니다.

또한, 찬송가 암기와 헌금, 세례식 참여를 강요하고 특정 종교의 신자만 교직원으로 채용하는 사례가 있는가 하면, 수업 시간에 "○○(종교 시설)에 안 나가니?", "○○ 믿지 않으면 지옥 간다" 등의 발언으로 특정 종교를 강요하여 학생들에게 심리적 부담을 느끼게 하는 사례도 있습니다. 반드시 성경책을 소지하게 하고, 소지하지 않으면 공개적으로 모욕을 주고 심지어 구타 등 체벌을 가하는 사례까지 있습니다.

그 밖에도 초등학교 학급 행사에서 담임교사의 단체 기도 인도, 평준화 지역 중·고등학교에서의 종교 행사 참석 강요, 대학에서의 신앙 고백적 종교 행사 강요, 종립 학교에서 종교 문제로 인한 교원의 해직과 교권 침해 등의 문제가 사회적·법적 문제로 비화하는 등, 종교 인권을 둘러싼 갈등의 형태와 층위는 참으로 다양합니다.

특정 종교에 입각한 교육 이념을 내세우는 종교 사학이나 개인의 종교적 신념을 앞세우는 교사에 의한 편향된 교육은 학교에서 학생, 학부모, 교사 개인의 신앙의 자유와 필연적으로 갈등할 수밖에 없습니다. 일부 종교 사학과 교사 개인의 과도한 종교 편향성과 인권 의식 결여가 결국 학생과 학부모의 고통과 교육력의 손실을 초래하게 되는 것이지요.

이러한 문제는 근본적으로 신앙의 자유와 종교 교육의 자유를 명확하게 구별하지 못하는 데에서 생겨납니다. 학교란 보편적 교육의 장이지 선교의 장이 아니라는 인식을 분명히 해야 하는데도 종교와 교육을 구별하지 못하고, 심지어는 그러한 강제를 신앙심이나 사명감의 증거인 양 정당화하는 일부 교사와 사립학교가 있다는 것은 큰 문제가 아닐 수 없습니다.

저는 결론적으로 학생 개개인의 신앙의 자유가 종교계 사학의 선교의 자유보다 우선되어야 하며, 사학 법인의 건학 이념보다 교육의 공공성과 보편성을 더 우선해야 마땅하다고 생각합니다. 왜냐하면 양심과 종교의 자유는 헌법에서 보장하는 국민의 기본권이고, 따라서 헌법 정신이기 때문입니다.

더욱이, 교육기관에서 종교의 자유는 선교의 자유에 우선하는 '공공성'에 관한 문제라고 보아야 합니다. 평준화 지역에서 자기 의도와 관계없이 종교 사학에 배정된 학생을 선교의 대상으로 보는 것은 헌법이 보장하는 종교의 자유를 침해하는 중대한 문제로, 교육의 본질을 왜곡하고 종교 간 갈등을 유발하여 사회 전체에 나쁜 영향을 끼칠 가능성이 매우 큽니다. 또, 평준화 지역이 아닌 곳에서 학생이 스스로 종교 사학을 선택했다 하더라도, 종교 사학이기 때문에 선택했는지의 여부와 개종의 자유 등을 종합적으로 감안하면 역시 종교 교육을 강요할 수는 없는 일입니다. 학교는 학생의 전인적인 성장을 돕는 교육기관이지 특정 종교기관이 아니므로, 학생을 특정 종교의 목적을 달성하기 위한 수단으로 대하는 인식과 관행은 종교 전체에 대한 부정적 인식과 반감을 키우는 역작용이 더 클뿐더러 결코 '교육적'이지 않습니다.

특히 우리나라는 사립학교가 전체 학교에서 차지하는 비율이 중·고교가 각각 20.5%와 41.5%, 전문대와 일반대학이 각각 94%와 79.6%에 이르는 등 세계 최고 수준입니다. 그중에서 중·고등학교 종교 사학은 전체 중·고교 사학의 24.5%인 390여 개 학교에 이릅니다.(한국교육개발원 교육통계 DB, 2011) 그런데 사립학교라 할지라도 학교 재정에서 재단전입금이 차지하는 비율이 2%가 채 안 돼 대부분이 국가재정으로 운영되는 중요한 공교육 영역인 만큼, '건학 이념'에 앞서 '교육의 보편성과 공공성'을 우선적으로 고려해야 합니다.

2010년에 통과된 경기도 학생인권조례는 물론이고, 다른 시·도의 인권조례에서도 표현은 조금씩 다르지만 '종교 인권' 조항을 두고 있습니다. 경기도 학생인권조례에서 양심·종교의 자유에 관한 인권조례 조항은 5절에 나와 있는데, 원문은 다음과 같습니다.

> 제16조: (양심·종교의 자유) ① 학생은 세계관·인생관 또는 가치적·윤리적 판단 등 양심의 자유와 종교의 자유를 가진다.
>
> ② 학교는 학생에게 양심에 반하는 내용의 반성, 서약 등 진술을 강요하여서는 아니 된다.
>
> ③ 학교는 학생에게 특정 종교 행사 참여 및 대체 과목 없는 종교 과목 수강을 강요하여서는 아니 된다.

보시다시피, 종교의 자유가 학생의 기본권임을 명문화하고 있습니다. 학생인권조례가 통과되면서 언론과 학생, 교사들의 관심은 체벌 금지, 두발 자유화, 야간 자율학습이나 보충수업 강제 금지, 소지품 일괄 검사 금지, 휴대폰 소지 자유 등 주로 학생의 자주권이나 체벌, 폭력 등의 신체와 관련된 문제 등에 관한 조항에 집중되는 경향이 있습니다. 그러나 인권조례의 핵심은 기본적으로 '차별받지 않을 권리', '학습권', '양심과 종교, 표현의 자유', '사생활의 비밀과 자유' 보장 등에 관한 정신과 철학에 있습니다. 그것은 한마디로, 사회에 해를 끼치는 일에 관한 것이 아닌 한, 차이를 서로 인정하고 존중하자는 것입니다.

이러한 인권조례 정신이 올바로 구현되는 종교 인권의 실현은 인권과 교육의 보편성에 대한 이해와 문제의식을 공유하는 데에서 출발해야 합니다. 무엇보다, 종교 사학의 학교장을 비롯한 모든 교사들의 인권 의식과 문제 해결 의지를 높여야 합니다. 실제로, 교장 선생님의 '종교 인권'에 대한 의지가 확고하면, 종교 인권 문제는 대부분이 해결됩니다.

교사 교육에서도 양성 과정이나 현직 교사 연수 때 종교 인권에 관한 내용을 포함시킬 필요가 있습니다. 종교 자유의 본질, 편파적 종교관이 빚어내는 인권 유린, 공적 영역을 담당하는 교사가 갖추어야 할 종교 인권 의식, 그리고 종교 교육과 사회 통합의 관계 등에 관한 교육과 토론이 이루어져야 합니다.

아울러, 지도·감독 책임이 있는 교육청 등 국가기관의 책임과 역할도 중요합니다. 경기도에서는 인권조례에 종교 인권에 관한 조항이 명시되어 있는 만큼, 향후 이런 문제가 발생할 경우 '인권옹호관' 제도 등을 적극 활용하여 학생과 학부모의 종교 인권이 침해되지 않도록 설득과 지도·감독을 철저히 해 나갈 생각입니다.

종교인들은 물론이고 대부분의 사람들이 원칙적으로는 종교 자유의 중요성을 주장하고 있는데도 그 침해가 아직도 도처에서 빈번하게 일어나는 현실은 우리 모두를 안타깝게 합니다. 특히, 어린 학생들을 대상으로 공교육 현장에서 이루어지는 종교 인권 침해는 결과적으로 종교적 다원주의에 의한 공존이라는 사회적 합의의 근간을 허무는 매우 위험한 행위라는 점을 인식해야 합니다. 성자들이 왜 한결같이 신앙의 자유와 다른 종교에 대한 관용을 역설하는지 되새겨 볼 때입니다.

학생 인권과 교권은
함께 지켜야 할
소중한 권리입니다

며칠 전에 학교폭력을 견디지 못하고 자살한 중학생의 편지를 읽으면서 마음이 아팠습니다. 가해 학생들의 폭력 불감증에 가까운 행위를 보면서 '저런 모습이 어디에서 왔는가?'를 심각하게 고민하지 않을 수 없었습니다. 그 모습은 학생의 개인적 특성에서 온 것이라기보다는 남을 배려하는 마음, 공감 능력, 인권 감수성, 공동체 의식 등을 우리 사회가 보여 주지 못한 데서 온 것이라는 생각이 들었습니다. 가정교육의 부재, 미디어의 폭력성, 지식 중심의 입시 체제, 인성 교육이 상실된 학교가 만들어 낸 안타까운 모습입니다.

갈수록 학교 현장을 지키기가 쉽지 않다고 하소연하는 선생님들이 적지 않습니다. 그래서 선생님들은 늘 돌파구를 찾기 위해서 애를 쓰시지요. 날이 갈수록 지도하기 힘들어지는 아이들을 변화시키기 위해서 편지를 쓰고, 가정방문을 하고, 상담을 하고, 학생자치회를 활성화시키고, 공동체의 규칙을 새롭게 만들고, 부족한 점을 채우기 위해 연수를 받으시는 선생님들의 모습에서 저는 희망을 다시 보게 됩니다.

경기도교육정보연구원이 2011년 10월에 조사한 설문 조사에서 선생님들 중 83.9%가 "학생인권조례 적용으로 학생 지도의 어려움이 가중됐지만 학생 생활지도를 포기하지는 않겠다"고 답했습니다. 이 조사 결과를 보면서 제 가슴이 뜨거워졌습니다. 힘들고 어렵지만 포기하지 않고 여전히 해법을 찾아 나가려는 선생님들의 모습은 교육자적 양심과 열정의 표상입니다.

경기도 학생인권조례를 제정한 지 어느덧 1년이 되었습니다. 인권조례 하나가 한국 교육의 문화 지형도를 새롭게 그려 내었습니다. 일부에서 경기도 학생인권조례가 마치 교육을 망치는 것인 양 폄하할 때마다 느꼈던 당혹감과 안타까움이 지금도 제게는 고통으로 남아 있습니다. 특히, 학생인권조례가 체벌을 금지한 탓에 교사가 학생을 지도하지 못한다는 식의 기사를 접할 때마다, 학교 현장에서 학생들을 사랑으로 지도하시고 계신 선생님들의 노고와 자존심과 전문성을 이렇게 폄훼해도 좋은가 하는 생각에 마음이 먹먹해지기도 했습니다.

학생인권조례가 학교 현장을 혼란에 빠뜨릴 것이라는 곱지 않은 시선이 존재함을 잘 알고 있습니다. 하지만 저는 학생인권조례가 예상보다

빨리 문화로 정착되고 있다는 느낌을 받습니다. 뜻있는 선생님 여러분의 보이지 않는 노력 덕분일 것입니다. 선생님들의 그 노력 덕분에 여러 오해들을 불식하고, 학생인권과 교권이 상호 보완적이라는 생각을 널리 퍼뜨릴 수 있게 되었습니다.

인권조례 시행으로 누구보다 선생님들의 부담이 적지 않았을 것입니다. 익숙한 것을 내려놓는 일은 누구에게든 쉽지 않습니다. 머리로 인식하는 옳음과 익숙한 관행 사이에서 참으로 많은 갈등과 어려움이 있었으리라는 점도 충분히 짐작할 수 있습니다. 그러나 선생님들이 학생인권의 피해자가 아니라 그 일차적인 옹호자임을 자각하기 시작함에 따라, 제재와 응징, 불신과 반항의 악순환에 빠져 있던 우리 교실들은 '교감과 소통의 교육적 공간'으로 다시 태어나고 있습니다.

익숙한 것을 내려놓는 고통을 기꺼이 감내하면서 시대적 가치와 '진정한 교육자의 길'을 찾아 나선 선생님들의 노력은 우리 교육사에서 기념비적 한 페이지를 장식하게 될 것입니다.

아시다시피 '인권'은 전 세계적으로 나타나고 있는 거부할 수 없는 흐름입니다. 그 흐름을 우리 선생님들이 이끌어 오셨습니다. 학교에서 학생들의 인권을 보호하는 것이 교육의 기본이자 선생님의 일차적 역할임을 확인시켜 주셨습니다.

학생인권과 교권은 대립하는 관계가 아니라 함께 지켜져야 할 소중한 권리입니다. 교권의 보호가 곧 학생들의 인권을 보호하는 것이라는 논리가 성립하기 위해서는 교권이 더 이상 학생들을 통제하기 위한 수단으로 존재해서는 안 됩니다. 또한, 상습적으로 다른 학생들의 학습권을 침해하고 교사의 정당한 교육적 지도에 불응하는 학생에게는, 행동의 원인을 살피는 세심한 돌봄과 함께 민주적 절차에 근거한 단호한 대처가 필요합니다. 이제 학생인권에 반하는 구시대적인 교권을 뒤로하고, 시대상을 반영한 새로운 교권을 확립해야 할 때입니다.

교사의 권위는 교과 전문성을 비롯해 학생들과의 진실한 소통, 그리고 선생님의 사랑과 헌신에 대한 학생들의 존경으로부터 자연히 형성되는 것입니다. 통제 위주의 생활지도에서 벗어나 학생들과 진실하게 소통하는 가운데 이루어지는 배움 속에서 선생님들의 권위는 한층 높아질 것입니다.

인권은 아직 다소 낯선 문화일지도 모릅니다. 인권의 의미를 배우고 실천하는 과정에서 일시적인 갈등과 혼란이 빚어질 수도 있습니다. 하지만, 이해와 존중의 마음으로 참고 기다려 줄 때 학생들이 스스로 깨달아 가면서 훌륭한 자아로 성장하게 된다는 믿음이 필요합니다.

무엇보다, 일부 동료 교사 분이나 학부모, 그리고 학생들 가운데 학생인권을 악의적으로 왜곡하거나 잘못 인식하는 이가 있다면, 여러분께서 '인권의 옹호자'로서 진정을 다해 그분들을 설득하여 주십시오. 학생인권을 보장하는 것이 우리 모두를 존엄하게 하고 우리 교육을 살리는 근본 처방의 하나임을 깨닫게 해 주십시오.

선생님께 드리는 편지를 쓰면서 정호승 시인의 시 한 구절을 떠올립니다.

　　길이 끝나는 곳에서도

　　길이 있다

　　길이 끝나는 곳에서도

　　길이 되는 사람이 있다

　　스스로 봄길이 되어

　　끝없이 걸어가는 사람이 있다

　　강물은 흐르다가 멈추고

　　새들은 날아가 돌아오지 않고

　　하늘과 땅 사이의 모든 꽃잎은 흩어져도

　　보라

　　사랑이 끝난 곳에서도

　　사랑으로 남아 있는 사람이 있다

　　스스로 사랑이 되어

　　한없이 봄길을 걸어가는 사람이 있다

－ 정호승, 〈봄길〉

선생님이 바로 봄길을 걷는 사람입니다.

누구 하나 알아주는 이 없어도 학생들에 대한 사랑으로 한없이 교육에

헌신하시는 선생님이 바로 우리 교육의 미래입니다. 교권의 바탕 위에
학생인권이 꽃을 피워 인권 친화적인 학교 문화를 조성하는 데 힘을 보
태 주시기를 부탁드립니다.

학생인권 보장은
올바른 교육의
첫걸음입니다

2012년 1월 26일, 서울시 교육청이 서울시 학생인권조례를 공포했습니다. 경기도와 광주시에 이어 세 번째입니다. 당연히 환영해야 할 일이며 축하해야 할 일입니다. 서울시 학생인권조례는 주민 발의안이기 때문에 더욱 존경을 표할 일입니다.

그런데 바로 그날 교육과학기술부는 조례 무효 확인 소송을 제기하였습니다. 참으로 안타까운 일입니다.

교과부에서는 서울시 교육청이 교과부의 재의 요구를 받아들이지 않은 채 공포를 진행했다는 절차상의 문제를 표면적 이유로 삼아 소송을 제기했습니다. 하지만, 핵심 문제는 학생인권조례 자체에 대한 교과부의 잘못된 판단입니다. 지방자치법에 따르면, 조례에 대한 재의 요구는 해당 조례의 내용이 "법령에 위배되거나 공익을 현저히 해친다고 판단"

될 경우에 할 수 있습니다. 서울시 학생인권조례에는 교과부의 주장과 달리 "법령에 위배"된다고 판단할 만한 내용이 없습니다. 따라서, 재의 요구는 요건에 맞지 않고 정당성이 없습니다.

학생인권조례를 처음 공포하여 시행해 오고 있는 경기도 교육청은 교과부의 이런 시각과 판단, 소송 제기를 매우 중대한 사태라고 판단합니다. 서울시 학생인권조례와 유사한 조례를 이미 시행하고 있는 경기도 교육에 대해 똑같은 영향을 끼칠 것이기 때문입니다. 교과부의 이번 조치는 교육과 인권, 그리고 지방교육자치의 근간을 위협하는 처사라 하지 않을 수 없습니다.

교과부는 이번 소송에서 집회의 자유를 문제 삼았습니다. 경기도 학생인권조례는 '표현의 자유'라는 좀 더 포괄적인 내용으로 담고 있지만, 집회의 자유는 당연히 의사 표현의 자유에 포함되는 것이고, 헌법과 유엔 아동권리협약이 인정하고 있는 권리입니다. 표현의 자유와 학교 현장의 민주적 운영은 동전의 양면입니다. 인권조례가 시행된 뒤 지금까지 경기 교육 현장의 주체들은 이 문제를 현명하게 풀어 왔고, 그 과정에서 학생 인권옹호관이 조정자 역할을 훌륭하게 해내기도 했습니다.

두 번째로, 교과부는 임신, 출산, 성적(性的) 지향 등의 이유로 차별받지 않을 권리가 포함된 것을 문제 삼았습니다. 그릇된 성 인식을 심어줄 수 있다는 것이 그 이유입니다. 이해하기 힘든 대목입니다. 상당수 아이들이 이와 관련해 견디기 어려운 차별과 멸시를 받는 것이 현실입니다. 이들에 대한 차별을 방치하는 것이 정당하다는 것인지, 교과부의 인권에 대한 인식 정도를 짐작하기 어렵습니다.

이 역시 그 구체적 예시에 차이는 있지만, 헌법과 유엔 아동권리협약에서 인정하는 권리입니다. 성적(性的) 지향의 경우, 국가인권위원회법에서 차별 금지 사유로 분명히 적시하고 있습니다.

세 번째로, 체벌 논란이 있습니다. 초·중등교육법 시행령 제31조 제8항은 학교의 장에게 학칙으로 정하는 바에 따라 훈육·훈계 등의 방법으로 지도를 하되, 도구·신체 등을 이용하여 학생의 신체에 고통을 가하는 방법을 사용해서는 안 된다고 규정하고 있습니다. 이 조항은 이른바 '간접 체벌'을 허용하는 규정이 아닙니다. 간접 체벌은 교과부에서도 인정한 적이 없고, '교육 벌'을 인정한다고 이야기했을 뿐입니다.

네 번째로, 교과부는 학교의 자율권 문제를 지적합니다. 초·중등교육법 제8조 제1항은 학교의 장에게 법령의 범위 안에서 교육청 인가를 받아 학교 규칙을 제정할 수 있다고 규정하고 있습니다. 학교의 자율권은 당연히 헌법과 유엔 아동권리협약, 그리고 관련 법령 및 교육청의 지도·감독 아래에 있습니다. 그 꼭대기에 인권이 있습니다. 초·중등교육법 제18조의 4도 "학교의 설립자·경영자와 학교의 장은 헌법과 국제인권조약에 명시된 학생의 인권을 보장하여야 한다"고 명시하고 있습니

다. 경기도 학생인권조례 제1조는 조례가 그에 근거한 것임을 명시하고
있습니다.

　마지막으로, 학생인권조례에 대한 이견을 충분히 수렴하지 않았다는
지적도 있습니다. 민주사회에서 이견의 존재는 당연합니다. 조례의 제
정이나 시행 과정에서 다양한 의견이 나올 수 있고, 문제가 있다면 조율
할 수도 있는 것이 민주주의입니다. 그러나 학생인권조례에 대하여 우
리 사회는 이미 충분한 논의 과정을 거쳤고, 최선을 다해 그 논의를 조
례안에 반영해 왔습니다. 이제 와서 교과부가 이런 과정을 부인하는 것
은 정당성이 없습니다.

　특히 경기도 학생인권조례의 제정 과정은 경기도의 교육 주체들로부
터 민주적 · 공개적 · 구체적으로 의견을 수렴하는 절차를 거쳤습니다.
언론 매체를 통하여 학생인권과 학생인권조례에 대한 전국적인 토론이
이루어졌습니다. 체벌, 두발 및 용모 자유화, 휴대폰 소지 문제, 집회의
자유, 사상의 자유, 조례와 상위 법령의 관계, 학생인권과 교권 등의 쟁
점이 검토되었습니다. 서울시나 광주시도 학생인권조례안을 만들면서
교육 주체들의 의사를 수렴하는 과정을 거친 것으로 알고 있습니다.

　우리 사회는 학생인권조례를 통하여 인권이 민주주의의 이름으로도
부인될 수 없는 인류 보편의 가치임을 확인하였습니다. 경기도 학생인
권조례의 시행 경험은 학생인권조례에 대한 우려가 기우였음을 입증하

는, 부인할 수 없는 증거입니다.

2011년 10월 6일, 유엔 아동권리위원회는 〈대한민국 3, 4차 정부 보고서에 대한 아동권리협약 최종 견해〉를 발표했습니다. 위원회는 가정과 학교 등에서의 아동·청소년에 대한 체벌 관행, 표현과 결사 및 평화적 집회의 자유에 대한 불인정, 임신한 청소년에 대한 보호 조치 부재, 학교 운영에 참여 배제 등을 우려했습니다. 위원회는 아동·청소년의 인권 보장을 위하여 법률과 교육부의 지침과 학교 교칙을 수정할 것을 대한민국에 촉구하였고, 유엔 아동권리협약의 조항들을 이행하기 위한 국내 법규가 불충분함을 우려하였습니다.

누구나 알 수 있습니다. 학생인권조례야말로 유엔 아동권리위원회의 우려와 촉구에 대한 최소한의 응답입니다. 학생인권조례는 아동·청소년 인권 운동의 결실이자, 인권이라는 인류의 보편적 가치의 확인입니다.

서울시 학생인권조례는 서울시민의 발의와 서울시 의회의 의결이 만들어 낸 직접 민주주의와 대의 민주주의의 합작품입니다. 서울시 학생인권조례는 서울시민과의 약속입니다.

교과부가 서울시 학생인권조례에 대해 무효 확인 소송을 제기한 것은 인권과 민주주의의 헌법적 가치에 맞서는 일입니다. 교육과 지방교육자치의 헌법 제도에 맞서는 일입니다. 낡은 권위주의적 행태로써 지방교육자치의 퇴행을 부추기는 일입니다. 법 논리뿐 아니라 상식적으로도 정당성을 인정받을 수 없는 소송을 제기함으로써 학생인권과 교육권을 보호해야 할 주무 부처인 교과부가 학생인권 보장 반대에 앞장서는, 참으로 부끄러운 전례를 만들고 있습니다.

아직 늦지 않았습니다. 교과부는 인권에 터 잡은 교육을 원하는 학생과 교사, 학부모들의 목소리에 귀 기울여야 합니다. 국가가 인권의 편으로 되돌아오기를 염원하는 국민들의 기대에 부응해야 합니다. 이제라도 전국의 시·도 교육감들과 머리를 맞대고 어떻게 인권 친화적인 학교 문화를 만들어 갈 것인지 고민해야 합니다. 새삼 강조할 필요도 없이, 학교에서 학생의 인권을 보장하는 것은 서로를 존중하는 교육의 본령이자 기본입니다.

21세기는 인권의 시대,
교육을 교육답게
학교를 학교답게

경기도 학생인권조례 공포 1주년을 맞았습니다. 경기도 학생인권조례 공포는 학생인권은 물론이고 우리 사회의 인권 의제를 새롭게 한 역사의 장이었습니다. 단 몇 분이면 훑어볼 수 있는 학생인권조례 속에는 학생이기 이전에 사람으로서 존중받아 마땅한 권리의 기준이 들어 있습니다. 학생을 바라보던 잘못된 관점과, 익숙했던 관행과, 무엇보다 우리 교육의 틀 자체에 대한 근본적인 물음과 해법이 담겨 있습니다. 그동안 교육의 이름으로 행해진 자의적이고 반인권적인 관행과 문화와 폭력이 진정 교육의 이름에 걸맞은 것이었는지 되묻고 있습니다.

경기 교육 공동체는 지난 1년간 인권조례 정착을 위해 혼신의 힘을 다해 왔습니다. 과거의 교육 방식을 걷어 내고 인권 친화적 교육 방식으로 학생 지도에 최선을 다하신 선생님 여러분, 새로운 학교 문화의 필요성에 공감하면서 정성을 다해 주신 학부모 및 시민 여러분께 진심으로 감사와 존경을 바칩니다. 무엇보다, 스스로 책임 있는 권리와 의무의 주체로 당당하게 서기 위해 성숙한 태도를 보여 주신 대다수의 학생들께 진정 깊은 사랑과 감사를 표합니다.

우리 교육청은 전국 최초의 인권조례를 올바르게 정착시키기 위한 다양한 노력을 경주해 왔습니다. 인권 관련 각종 연수, 매뉴얼 제작, 법제 심의, 여러 위원회 활동, 인권 옴브즈 퍼슨인 학생 인권옹호관 활동, 학원에서 체벌 전면 금지, 가정폭력과 아동 학대 예방 및 피해 아동 보호를 위한 협력 네트워크 구축 등, 학생이 생활하는 모든 시공간에서의 인권 보호를 위하여 최선의 노력을 다해 왔습니다. 학교가 학교답고, 교육이 교육다워지는 새로운 시대를 일구고자 했습니다.

물론, 부작용이 없는 것은 아닙니다. 그러나 가장 거친 부작용도 기존 교육의 한계를 극복하는 과정에서 나타나는 이겨 내야 할 고통이며 체벌의 시대, 반인권 교육의 시대의 마지막 풍경에 불과합니다. 인권의 역사는 진보의 역사입니다. 여성, 특정 인종, 장애인, 아동이라는 이유로 차별을 가하거나 인간의 보편적 권리를 제한해 왔던 역사는 언제나 그렇듯이 새로운 물결 앞에서 고집스럽게 저항하다 소리 없이 사라졌습니다.

21세기는 인권의 세기입니다. 경기도 학생인권조례는 헌법이 보장하는 국민의 기본권과 유엔 아동권리협약 등의 국제적인 인권 규범을 지방교육자치단체가 솔선수범하여 실현하고자 하는 적극적인 의지를 천명한 것입니다.

학생인권조례는 생활 속에서 살아 있는 법이어야 합니다. 이를 위해서 학생인권조례의 내용과 기준은 인권의 본질, 그리고 시대 환경과 정신을 반영하여 더욱 심화·발전되어야 합니다.

얼마 전, 장애 학생 성폭행 실화를 다룬 영화 한 편이 우리 사회를 뒤흔들었습니다. 교육기관에서 자행된 반인권적 폭력, 그리고 정의롭지 못한 문제 해결 과정이 국민적 격분을 불러일으켰습니다. 현재의 아동·청소년 관련 법률과 제도·정책·조직 등은 그동안 개선되고 발전되어 왔지만, 아동·청소년의 인권 실현에서 제 역할을 다하지 못하는 경우도 있습니다. 대표적인 예가 아동 학대, 아동 성폭력 등의 문제입니다. 사회적 약자에 대한 폭력은 보이지 않는 곳에서 교묘하고, 잔혹하고, 은밀하게 진행되어 왔습니다. 이에 적극적으로 대처하기 위해서는 장애인과 아동을 유린하는, '영혼의 살인자'라 불리는 성폭력 범죄와 같은 반인륜 범죄에 대한 공소시효를 폐지해야 합니다. 이러한 반인륜 범죄는 우리가 1951년에 비준한 '집단 학살 죄의 방지와 처벌에 관한 협약'인 '제노사이드' 협약이나 헌정 질서 파괴 범죄에 준하여 처벌되어야 하며, 공소시효 적용이 배제되어야 합니다.

경기도 학생인권조례는 지방교육자치단체의 작은 시도로 시작하였지
만, 이를 계기로 대한민국을 인권 사회로 발전시켜 나가야 합니다.

무엇보다, 세계인권선언 및 헌법에 보장된 국민의 기본권을 구체적으
로 보장하기 위한 〈인권기본법〉 제정이 필요합니다. 인권에 대한 새로운
각성이 크게 일어나고 있는 최근, 우리 사회에서는 국민의 기본권을 둘
러싼 다양한 견해가 끊임없이 충돌하고 있습니다. 국가의 인권 수준을
높여 진정한 선진국으로 도약하기 위해서는 우리 사회가 먼저 '인권 선
진국'이 되어야 하고, 이를 위한 법률적 장치로 국민 기본권의 내용과
형식을 구체화한 〈인권기본법〉 제정이 꼭 필요합니다.

또한, 학생인권의 완전한 실현을 위해서는 교육 · 복지 등 모든 분야를
망라한 지원 노력이 강구되어야 합니다. 아동인권 친화적인 교육과 사
회 환경을 조성하는 일은 범국가적인 의지가 필요합니다. 따라서, 국내
외 인권법 규범의 정신을 바탕으로 모든 아동 · 청소년의 인권이 실현될
수 있도록 〈아동(학생 · 청소년)인권기본법〉 제정이 필요합니다. 아동 · 청
소년의 인권 보장을 위해 브라질, 아이슬란드, 핀란드, 불가리아 같은
나라들에서는 헌법을 개정하고, 영국, 스웨덴, 노르웨이, 독일 등의 인
권 선진국에서는 〈아동(학생 · 청소년)인권기본법〉 같은 통합 법률을 제정
하는 등, 국제사회에서는 이미 아동 · 청소년의 인권 보장을 위한 노력
을 앞서서 구체화하고 있습니다.

경기도 교육청은 경기도 학생인권조례 제정의 경험을 바탕으로 〈아동
(학생 · 청소년)인권기본법〉 제정을 국회와 정부, 관련 전문가 및 기관, 단

체에 제안합니다. 우리 교육청이 먼저 '아동(학생·청소년)인권기본법 제

정을 위한 추진위원회'를 구성하여 운영할 것입니다.

평화와 사랑의 배움터 만들기

편견과 차별,
왕따와 폭력

지난해 말부터 학교폭력 문제가 우리 사회의 뜨거운 쟁점으로 떠오르고 있습니다. 정부에서 가해 학생 강제 전학, 복수 담임제, 스포츠클럽 활성화 등을 대책으로 제시했지만, 상황은 그리 개선되지 않은 채 학교와 아이들은 여전히 폭력에 위협받고 있습니다.

저는 요즘, 우리 교육의 문제를 해결하려면 우리 사회의 각 주체들이 함께 나서야 한다는 생각을 하곤 합니다. 교육개혁이란 결국 우리 사회 전체가 개혁에 대한 비전을 공유하고 각 영역에서 이를 실천해 나가는 식으로 힘을 결집하지 않고서는 성공할 수 없다고 생각하게 된 것이지요. 학교폭력도 마찬가지입니다. 이 문제를 좀 더 진득하게 붙들고 해결을 위해 꾸준히 실천에 나서는 주체들이 더 많아져야 합니다.

그 점에서, 최근에 우리 사회 안에 학교폭력에 대한 관심과 문제의식이 확산되고 있는 것은 참으로 감사할 일입니다. 서로를 탓하는 것이 아니라 가정과 부모, 학교와 교사, 언론과 행정부와 종교계 등 우리 사회전체가 책임을 통감하고, 그것을 공동의 문제로 인식하고, 바람직한 해결을 위해 머리를 맞대고 있으니까요. 사실, 우리 아이들의 건강한 성장이 곧 한국 사회의 미래임을 생각한다면 이는 당연한 일입니다.

몇 년 전, 교육방송의 한 다큐멘터리 프로그램에서 흥미로운 실험을 방영한 적이 있습니다.

경기도의 어느 초등학교 4학년 한 학급에서 '왕따'가 발생합니다. 석재는 점심도 혼자 먹기 일쑤고, 아무도 그 애와 짝을 하고 싶어하지 않습니다. 담임선생님이 학급 친구 관계에 관한 설문조사를 해 보니, 좋아하는 친구는 제각각이었지만 싫어하는 친구는 오직 한 사람, 석재뿐이었습니다. 이유는 석재가 뚱뚱해서 "지저분하다" "냄새 난다" "게으르다"는 것인데, 아이들은 단정적으로 이렇게 말합니다.

"뚱뚱하면 씻는 것도 귀찮아하잖아요."

살면서 언제 가장 슬펐냐는 선생님의 질문에 석재는 잠시 머뭇거리다 "친구들에게 버림받을 때"라고 답합니다.

선생님은 교육 전문가, 학부모와 함께 숙의한 끝에 '의도적으로 차별하기' 실험을 시작합니다. 과학적으로 증명된 사실이라며, 오직 키 140cm만을 기준으로 그보다 작은 아이들을 우등반, 큰 아이들은 열등반으로 나눕니다. 아이들 반응은 즉각적입니다. 머리카락 때문에 실제보다 키가 큰 것으로 나왔다고 항의하는 아이가 나오고, 신발에 양말까지 벗고 다시 재겠다는 아이도 나옵니다.

선생님은 수업 중에 우등반 아이들에게는 칭찬을 아끼지 않고, 열등반 아이들에게는 노골적으로 핀잔을 줍니다. 열등반 아이들은 혹시 또 지적을 받지나 않을까 잔뜩 긴장하는 바람에 평소에 안 하던 실수를 연발합니다. 반대로, 우등반 아이들은 수업 집중도가 눈에 띄게 높아지기 시작하고, 자신감이 넘쳐 납니다. 프로그램에서는 이처럼 칭찬이 자존감을 높여 능력을 배가시키고 차별은 있던 자신감마저 잃게 하는 과정이 고스란히 드러납니다. 열등반 아이들은 하나같이 억울해하고, 화내고, 끝내는 울먹입니다. 수업 태도가 산만해지는 것은 당연했고, 선생님이 싫어졌다는 아이, 전학 가겠다는 아이, 학교 다니기 싫다는 아이가 속출합니다. 항의와 불만은 시간이 흐를수록 격렬해져 갑니다. 아무도 '합리'니 '차별'이니 하는 단어를 가르쳐 준 적 없건만, 아이들 입에서는 자연스레 "불합리하게 차별한다"는 말이 터져 나오기 시작합니다.

선생님이 열등반 아이들을 조용한 곳으로 따로 불러 모아 그동안 느낀 심정을 말해 보라고 하자, 아이들은 말문을 열기도 전에 너 나 할 것 없이 서러움이 복받쳐 대성통곡을 합니다. 그러면서 아이들은 편견과 차별의 무서움을 깨닫고, 석재의 처지를 이해하게 됩니다. 일주일 후, 석재와 아이들이 스스럼없이 어울리는 가운데, 열한 살 아이들의 마음속에서 화해와 소통이 시작됩니다.

앞의 실험은 차별과 편견이 낳는 왕따와 폭력의 메커니즘을 잘 보여 줍니다. 왕따와 폭력은 언뜻 특정 피해자에 대한 다수의 가해인 듯 보이지만, 결국에는 모두를 피해자로 전락시킨다는 원리를 가지고 있습니다. 언제든, 누구든 피해자로 전락할 수 있습니다. 또한, 편견은 종종 상식의 자리를 꿰차고 앉아 세상의 합당한 이치를 뒤집어 버립니다. 편견과 차별이 동전의 양면처럼 한몸이 되어, 차별이 편견을 낳고 그 편견이 다시 차별을 강화하는 악순환에 빠지게 되는 것입니다. 편견에 익숙해지면 차별은 눈에 띄지 않게 됩니다. 아무리 불합리한 것도 원래 그런 것, 당연한 것으로 여겨질 뿐입니다.

아이들 사회에서 발생하는 편견과 차별, 그리고 그것이 낳는 왕따와 폭력 등은 어쩌면 우리 어른들 사회의 축소판일 수도 있습니다. 우리 사회가 혹시 합의되거나 검증되지도 않은 기준을 잣대로 사람의 우열을 가르는 사회인 것은 아닌지 성찰할 필요가 있습니다. 성적, 재산, 성별, 직종, 심지어 용모나 출신 지역으로 사람을 줄 세우고 우열을 가리지는 않았는지, 그 와중에 잉여 또는 열등으로 분류되어 억울한 일을 겪은 수많은 사람들의 고통과 분노에 찬 외침에 귀를 닫은 것은 아닌지 반성할 필요가 있습니다. 나의 즐거움과 행복이 혹시 이웃의 고통과 불행을 담보로 한 것은 아닌지 모두가 진지하게 돌아보는 시간이 필요하다는 생각이 거듭 듭니다.

희망의 교육을 꿈꾸는 수많은 마음들이 한데 모여, 우리 아이들이 차

별과 편견 없는 세상의 공정함을 느끼며 성장할 수 있는 사회를 함께 만

들어 갔으면 좋겠습니다.

무너진 신뢰와
사라진 대화를
복원해야

안타깝게도, 우리 교육과 아이들의 병색이 심상치 않음이 곳곳에서 드러나고 있습니다. 학교가 평화롭고 행복한 배움의 장이 되도록 만드는 방법을 어떻게든 찾아내야 하는데, 그 처방이 결코 단순하지 않아서 더욱 힘이 드는 것이겠지요. 어쩌면 교육을 둘러싼 전통적인 관계 양식과 문화가 파괴된 자리에 오해와 불신, 공격과 질타만이 들불처럼 번져 가고 있는 것은 아닌지 염려스럽기까지 합니다.

이름이야 무엇이 되었든 '학교폭력'은 공교육 붕괴의 어두운 단면입니다. 교육을 둘러싼 제도와 문화 전반이 다시 고민되어야 하겠습니다만, 무엇보다 시급한 것은 학생 상호 간, 학생과 교사, 부모와 자녀, 학부모와 교사들 간에 무너진 신뢰와 사라진 대화를 복원하는 일입니다.

특히 학부모와 교사가 '우리 아이들'을 중심에 놓고 서로 존중하면서 지혜를 모아 갈 수 있기를 간절하게 바랍니다.

세상 모든 어려운 문제의 정답은 대부분이 쉽고 간단한 데서 찾아집니다. 지금 우리에게 정작 필요한 것은 '서로를 이해하는' 일입니다. 그 이해를 위해 관점의 차이를 인정하고 정보를 공유하면서 성공적인 대화에 나서야 함을, '부모'와 '교사'는 아이의 행복을 위해서 존재하는 이름이어야 함을 함께 깨닫는 일입니다. 서로 이해하고 존중하며 사는 법을 우리 시대와 사회의 문화로서 우리 아이들이 이어받게 하는 일입니다.

당연한 말이지만, 폭력을 이기는 힘은 더 크고 정교한 응징이 아니라 결국은 평화와 사랑에서 나옵니다. 우리 아이들에게 서로 사랑하며 사는 것이 얼마나 행복한 일이지 깨닫게 해 줍시다. 내 아이, 내 학생뿐 아니라 만나는 모든 아이, 모든 학생들의 마음에 감추어진 그늘은 없는지 잘 살펴봅시다. 차별과 소외가 없는 따뜻한 배려와 나눔의 세상을 어떻게 만들어 갈 것인가에 대해서도, 아이들과 솔직하고 속 깊은 대화를 나눕시다.

아울러, 우리 주위에 제대로 보살핌을 받지 못하는 아이들과 이웃은 없는지 둘러보고 따뜻한 정을 나누어 주면 더욱 좋겠습니다. 힘든 이들은 다른 사람의 행복한 모습 앞에서 자신의 불행이 더욱 크게 보이는 법이니까요. 그리고 진짜 좋은 교육은 억지로 '교육'하려고 애쓰지 않아도 좋은 것을 보고 느끼며 저절로 깨닫는 것이니까요.

학교폭력,
서로가
길을 물을 때

　　　　　　지난해 12월, 같은 반 친구들이 상습적으로 가하는 잔인한 폭력과 고문에 시달리던 대구의 한 중학생이 스스로 생을 마감했습니다. 이 끔찍한 사건을 계기로 촉발된 '학교폭력' 문제는 이후에도 그와 유사한 폭력과 자살이 잇따르면서 지금까지도 해결의 기미가 보이지 않고 있습니다.

　사건 이후, 대통령의 지시로 학교폭력 근절을 위한 청와대 대책반이 구성되고, 교육과학기술부를 중심으로 학교폭력에 대한 범정부 차원의 대응 팀도 구성되어 각종 대책을 쏟아냈습니다. 우리 교육청에서도 자체적으로 해법을 찾기 위해 온갖 지혜를 모으고 있습니다. 하지만 아직은 그 어느 대책도 이렇다 할 효과를 내지 못하고 있습니다.

　아이가 남긴 유서를 읽으면서, 그 부모님의 피눈물을 보면서, 이제 열네 살인 가해 학생들에게 법정에서 무거운 징역형을 선고했다는 뉴스를 들으면서, "그런 애들은 없습니다. 그런 무관심이 있을 뿐"이라는 학교 폭력 관련 공익광고를 보면서, 지방 교육을 책임져야 할 교육감으로서 가슴에 무거운 돌덩이가 얹힌 듯한 답답함과 죄책감에 잠을 설치곤 합니다.

대구 사건이 충격적이었던 것은 가해 학생들의 폭력이 매우 집요하고 잔인했기 때문만은 아니었습니다. 숨진 학생을 그토록 괴롭히던 가해 학생들이 매우 평범한 아이들이라는 사실이 충격을 더해 주었습니다. 중산층 가정 출신에, 학교 성적도 나쁘지 않았고, 평소에 학교에서 말썽을 피웠을 때 주는 벌점조차 받은 적이 없는 학생들이었다고 합니다. 다른 지역의, 다른 형태의 폭력들도 그 속내를 들여다보면 양상이 크게 다르지 않습니다. 이는 우리 학생들 중 누구든 가해자도, 피해자도 될 수 있다는 것을 뜻합니다. 참으로 두려운 일이 아닐 수 없습니다.

우리 아이들은 왜 이처럼 놀라운 짓을 저질렀을까요?

이 사건을 보면서, 인간 영혼의 양면성을 지칭하는 '루시퍼 효과'라는 말을 떠올렸습니다. 루시퍼는 원래 천사였는데 신과 자리다툼을 하다가 대천사 미카엘에 의해 지옥으로 쫓겨 간 악마입니다. 루시퍼 효과란 이처럼 천사의 속성을 지닌 훌륭한 인격체이면서 흉악한 심성도 아울러 가지고 있는 인간의 양면성을 가리키는 말입니다.

이 용어를 만들어 낸 사람은 미국 스탠퍼드 대학의 사회심리학자 필립

짐바르도 교수입니다. 그 계기는 심리학계는 물론이고 전 세계에 충격을 안겨 주었던, 1971년의 '스탠퍼드 감옥 실험'이었습니다. 평범한 대학생들에게 교도소 간수와 죄수 역할을 나누어 맡겼더니 진짜 간수와 죄수처럼 느끼고 생각하고 행동하더라는 이 실험은, 사람이 주어진 역할과 환경에 맞추어 얼마나 극적으로 변화하는지를 증명한 것으로 유명합니다. 실험을 설계하고 진행한 짐바르도 교수조차 "썩은 사과가 문제가 아니다. 썩은 상자가 사과를 썩게 한다"며 그 결과에 놀라움을 표했을 정도입니다.

이를 우리 상황에 대입하면, 우리의 사회 환경과 교육 환경을 건강하게 바꾸지 않는 한, 대구 중학생 사건에서 보듯이 지극히 평범하고 정상적인 아이들도 어떤 상황에서는 아주 끔찍하게 변할 수 있다는 논리가 성립합니다.

솔직히 말하면, 어린 소년의 죽음을 통해서만 비로소 공론화가 시작되는 사회는 결코 건강한 사회라고 할 수 없습니다. 이번과 같은 비극적 사건이 발생할 징조는 그동안 수없이 있었습니다. 7만 명이 넘게 희생된 2008년의 중국 쓰촨 성 대지진 발생 직전에는 두꺼비들이 떼로 출몰했다고 합니다. 쓰나미가 몰려오기 전에는 갑자기 바닷물이 빠진다고 합니다. 이처럼, 어떤 일에는 반드시 그 징조가 나타나기 마련입니다. 학교폭력을 둘러싼 우리 학생들의 비극은 더 이상 우리의 교육과 사회를 황폐하게 해서는 안 된다는 경고라고 보아야 합니다. 집단따돌림으로,

성적 문제로, 가정폭력으로 꽃다운 아이들이 자기 생명을 던지는 이 참혹한 현실을, '살림의 교육'을 하루빨리 만들어 내라는 지상명령이라고 독해해야 합니다.

살벌한 경쟁 속에서 오직 문제 푸는 기술만을 익히는 학교에서 생명을 존중하고 서로를 귀하게 여기는 교육을 기대하기는 어렵습니다. 얼마나 많은 학생을 일류대에 보냈는가로 학교의 교육력과 명성과 위신이 판가름되는 한, 학교는 교육력의 대부분을 공부 잘하는 아이에게 투여할 수밖에 없습니다. 나머지 아이들은 방치되거나, 사고나 치지 않도록 감시하고 통제해야 할 대상이 되기 쉽습니다. 이 나머지 학생들도 학교가 존재해야 할 똑같이 중요한 이유가 되어야 합니다. 이들의 안전과 성장을 중심에 놓고, 학교를 이들이 '사는 곳, 살 만한 곳, 배우고 성장하는 곳'이 되게 해야 합니다.

안으로 가면 자살이 되고 밖으로 가면 폭력이 된다는 말이 실감 나는 시대입니다. 이런 때일수록 아이들의 즉흥성과 분노와 폭력성의 근원을 살펴야 합니다. 외과적 처방만이 능사가 아닙니다. 오히려, 아이들의 마음을 보듬고 기를 북돋워 주는 처방이 꼭 필요합니다. 하지만 최근의 우리 논의는 문제의 본질을 파악하여 그에 맞는 처방을 내리는 것과는 거리가 멉니다. 지나치게 호들갑스럽고, 사안의 본질을 왜곡하거나 일시적인 진통제 처방으로 상처를 잠시 덮는 데 급급한 것이 아닌가 하는 안타까움을 감추기 어렵습니다.

그뿐이 아닙니다. 불똥이 엉뚱하게 학생인권조례로 튀기도 합니다. 학생인권을 보장해서 교육력이 약해졌고, 이것이 학교폭력을 부추긴다는 해괴한 논리가 바로 그것입니다. 도대체 인권을 존중하지 않는 가운데 이루어지는 교육이란 어떤 교육일까요?

교육과학기술부에서는 서울, 광주, 경기의 3개 시·도 교육청에 '학생인권조례의 일부 조항이 초·중등교육법 시행령 개정에 따라 실효되었으니, 교육지원청 및 각급 학교에 이를 안내'하고 '각급 학교는 학생인권조례에 기속되지 않고 학칙을 제·개정할 수 있으니, 일선 학교에 이와 모순되는 지시를 내리지 말라'는 취지의 공문까지 보냈습니다.

국가 정책이 이렇게 소아병적 대응으로 나타나는 것은 명백히 잘못된 것입니다. 시행령 개정으로 학생인권조례 일부 조항이 효력을 상실했다는 교과부의 주장에는 아무런 법적 근거도 없습니다. 시행령은 일선 학교의 학칙 제정에 관한 형식과 절차를 규정한 것에 불과합니다. 시행령에 적시되지 않은 학칙의 내용에 대해서는 학칙의 상위법인 학생인권조례의 규정을 따라야 합니다. 시행령 개정 자체도 그 진의가 의심스러운 마당에 초·중등교육법 개정안 시행을 학생인권조례와 충돌하는 개념으로 내세우기까지 하는 것은 법 정신의 왜곡이요, '제 논에 물 대기' 논리입니다. 이는 결국 학교폭력을 빌미로 삼아 '학생인권조례 무력화'라는 저의를 노골적으로 드러낸 것이라고 볼 수밖에 없습니다.

각 시·도 교육청에서는 국제인권법과 헌법, 초·중등교육법에 근거하여 학생 생활지도의 새로운 패러다임을 제시하고, 학교 공동체 구성

원 간의 소통과 배려에 바탕을 둔 진일보한 학교 문화를 만들어 가는 데
힘쓰고 있습니다. 그 노력을 격려하고 도와주지는 못할망정, 중앙정부
에서는 오히려 집요하게 훼방을 놓고 있습니다. 교육 문제에 대한 정치
적 접근은 문제를 해결해 주기커녕 교육 현장의 불행을 더욱 깊게 할 따
름입니다. 참으로 나쁜 정책이 아닐 수 없습니다.

감옥과 무장 경찰을 늘린다고 범죄가 줄어드는 것이 아닙니다. 사회적
안전망 확충 등으로 복지를 강화하고 공정과 공존에 바탕을 둔 사회를
이룰 때 범죄가 줄어든다는 이치를 살펴야 합니다. 특히 교육에서는 이
러한 원리가 더욱 중요합니다. 관행에 따른 반인권적 학생 통제를 교육
의 이름으로 정당화하거나 학생들에 대한 처벌을 강화하는 것, 즉 겉으
로 드러난 반사회적 행동을 처벌하는 조항을 더 세밀하게 다듬는 식으
로는 학교폭력 문제를 결코 해결할 수 없습니다.

"윗물이 맑아야 아랫물이 맑다"는 것이야말로 교육의 상식이자 원리
입니다. 폭력성과 반평화성, 계급·계층 간의 극심한 갈등, 그리고 무한
경쟁과 무한 욕망을 정당화하는 사회에서는 폭력은 결코 사라지지 않습
니다. 아이들에게 평소에는 오로지 학과 성적만 강조하다가, 어느 날 갑
자기 낯빛을 바꾸고서 폭력 문제가 심각하니 서로 배려하고 보듬자고
호소한다고 문제가 해결될 리도 없습니다.

근본적인 성찰이 필요합니다. 우리 소중한 아이들이 왜 이처럼 잘못된
문화를 형성하고 있는지, 그 대안은 무엇인지, 지금은 서로가 끊임없이

길을 물어야 할 때입니다.

  폭력에 희생된 우리 아이들의 명복을 비는 마음이 참으로 슬프고 무겁

습니다.

평화와 사랑이 넘치는
배움의 공간 만들기

우리 아이들은 오래전부터 다양한 방식으로 고통을 호소하고 도움을 요청하는 신호를 보내 왔습니다. 우리는 그것을 제대로 읽어 내지 못했습니다. 그들의 아픔을 알면서도 그들을 돕는 방법을 찾아내지 못했습니다.

고통스럽습니다. 최근에 학교폭력을 비롯한 우리 교육의 문제와 아이들의 삶을 생각하고 고민하면서 제가 느낀 것은 한마디로 고통이었습니다. 그리고 어떻게든 문제를 해결해야 한다는 책임감이었습니다.

우리가 지금 해야 할 일은 마치 누군가가, 또는 어떤 방책이 단박에 문제를 해결해 줄 수 있다는 양 섣부른 방안을 내놓고 문제를 서둘러 봉합하는 것이 아닙니다. 기성세대와 사회가 만들어 놓은 돌봄 · 교육 · 책임의 결핍을 통절하게 되돌아보아야 합니다. 아이들 사회의 숨겨진 비밀을 볼 수 있어야 하고, 진정으로 아이들의 아픔에 공감하고, 아이들을 위로하고, 함께 살아가는 사람들로서 따뜻한 관계와 감수성을 회복하도록 도와야 합니다.

그것이 교육의 본류입니다.

2011년 7월, 노르웨이에서는 최악의 극우 테러 참사가 발생했습니다. 노르웨이의 옌스 스톨텐베르크 총리는 그 참사에 대한 대응책을 묻는 대중에게 "우리의 대응은 더 많은 민주주의와 더 많은 개방성, 그리고 더 많은 인간애"라고 답했습니다. 응징과 처벌이라는 단순 대응은 절대로 정답이 아니라는 신념이, 역설적이게도 오늘날 지구상에서 가장 평화로운 나라 노르웨이가 유지되는 근본이 되고 있음을 살펴야 합니다.

우리의 답도 마찬가지입니다. 우리는 학교폭력에 대해 수많은 대응 조치를 검토하고 시행하고 지금도 고민하고 있습니다. 그러나 폭력을 몰아내기 위한 수단이 폭력일 수는 없습니다. 폭력을 이기는 것은 결국은 평화와 사랑의 힘입니다. 학교 사회가 진정 평화와 사랑이 넘치는 배움의 공간으로 거듭나지 않는 한, 학교폭력은 사라지지 않을 것입니다.

가정, 학교, 사회는 우리의 미래인 학생들의 따뜻한 보금자리여야 합니다. 경쟁에서 이기는 방법이 아니라 평화적으로 소통하고 서로 존중하면서 함께 살아가는 방법을 가정, 학교, 사회가 하나 되어 가르쳐야 합니다. 무엇보다, 점수 위주의 경쟁 교육을 완화하고, 누구도 학습에 차별을 받지 않는 교육, 각자의 소질과 개성이 존중되는 교육을 실현해야 합니다.

그 길을 우리는 혁신교육에서 찾고자 합니다. 그동안 우리는 학교폭력을 비롯한 청소년 문제의 해결을 위하여 모두의 인권이 존중되는 교육을, 그리고 개인과 개인, 개인과 사회, 개인과 세계가 조화로운 관계를 맺도록 하는 평화교육을 펼쳐 왔습니다. 또, 학생과 학생이, 교사와 학생들이 서로 존중하고 배려하는 학교 문화를 일구어 왔습니다.

제도적 해결책을 마련하려는 노력도 게을리하지 않았습니다. 생활인권지원센터의 원스톱(one-stop) 서비스와 스마트폰 '굿바이 학교폭력' 애플리케이션과 같은 학교폭력 예방 인프라를 구축하고, '또래 중조(中調)' 프로그램과 같은 인권 친화적인 맞춤형 학교폭력 예방 체제 또한 지속적으로 운용해 왔습니다.

이런 노력들을 종합적으로 진행하는 곳이 바로 혁신학교입니다. 혁신학교에서는 학교 안 폭력이 현저히 줄어든 반면, 학생과 학부모의 신뢰도와 만족도는 크게 높아졌습니다. 이런 다양한 징표들을 눈여겨보아 주시기 바랍니다.

힘겹게 희망의 근거들은 마련했지만, 아직은 갈 길이 멉니다. 대다수의 학교에서 학교폭력의 피해와 고통은 여전히 현실적인 당면 문제입니다. 우리 학생 모두를 어디서든 폭력으로부터 자유롭게 해 줄 방안을 계속 모색해 가야 합니다.

우리 교육청에서는 그동안 추진되었던 모든 정책을 처음부터 면밀히 다시 살펴서, 문제를 해결해 줄 실효성 있는 방안을 찾아 가려 합니다. 학교폭력의 예후를 정확하게 파악하는 것은 물론이고, 가해 학생에게는 분명히 책임을 물을 것입니다. 학교폭력 해결의 가장 큰 난제인 학생들의 신고를 활성화하기 위해, 가해 학생과 피해 학생을 동시에 안전하게 보호하고 치유할 수 있는 시스템을 구축할 것입니다. 안심하고 신고하고 안심하고 스스로를 맡길 수 있도록 대책을 마련할 것입니다.

학교폭력, 어떤 어려움이 있더라도 반드시 해결해 나갈 것입니다.

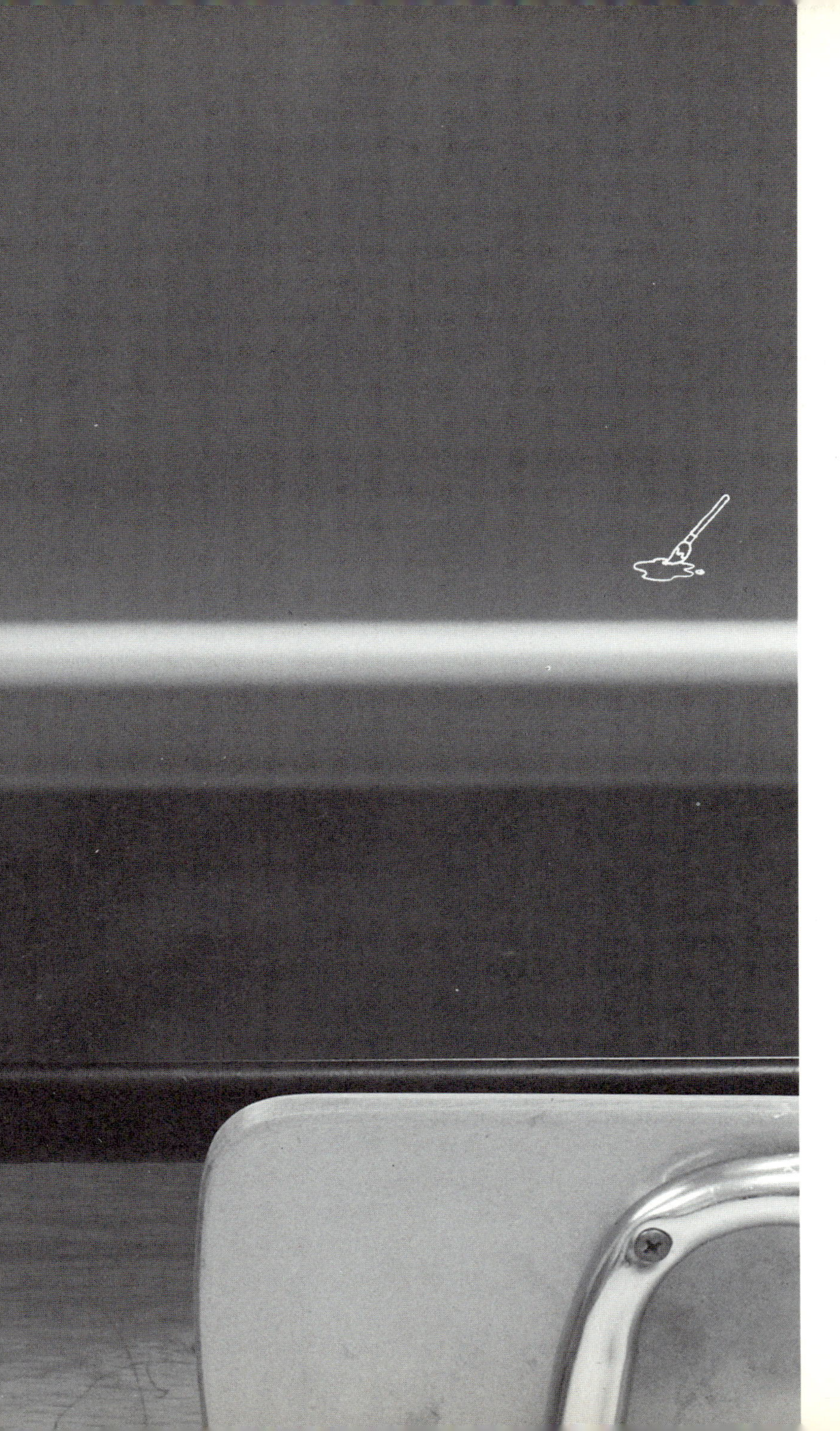

살아 있는
교육자치를
위하여

경기도의
'교육국'
신설에 대하여

          오늘 우리는 '교육국' 신설을 골자로 하는, 경기도가 발의한 조례 개정안이 교육계를 비롯한 수많은 사람들의 반대에도 불구하고 경기도 의회에서 원안대로 통과되는 참담한 광경을 무력하게 지켜보았습니다. 2009년 9월 15일은 우리가 그토록 소중하게 지켜 왔던 교육자치의 정신과 제도가 부당한 정치 개입에 의해 침해당하고 반민주적, 반교육자치적인 퇴행이 일어난 불행한 역사가 시작된 날로 기록될 것입니다.

  국민들의 삶의 질을 위협하고 국가 장래를 어둡게 하는 우리 교육에 대한 국민들의 뜨거운 개혁 요구를 겸허하게 받아들여 배움의 기쁨이 넘치는 학교와 행복한 교육 복지가 실현되는 사회를 만드는 데 온 힘을 쏟아야 할 시점에, 부당한 정치 개입에 의해 헌법에 보장된 교육적 가치마저 훼손당하는 이 안타까운 현실을 우리 교육을 걱정하는 도민과 더불어 비통한 심정으로 개탄하지 않을 수 없습니다.

우리는 이번 조례 개정안이 발의되고 통과되기까지의 일련의 과정을 지켜보면서, 교육자치가 침해당하는 것을 넘어 우리 사회 민주주의의 위기를 통감합니다. 우리 교육청은 그동안 '200시간 비상근무' 라는 엄중한 상태를 유지하면서 도지사 면담을 비롯한 수많은 방법과 노력을 다하여 조례 개정안의 철회와 의회의 부결을 요청하였습니다.

우리는 우리 아이들에게 민주주의의 핵심은 법 정신과 상대에 대한 존중에 바탕을 둔 대화와 토론을 통해 문제를 합리적으로 해결하는 것이며, 권력의 분배와 균형을 통해 권력 분산을 제도화하는 것이라고 가르쳐 왔습니다. 경기도의 교육국 신설은 기본 절차나 과정에서조차 민주주의 정신과 원리를 무시한 대표적인 사례가 될 것입니다. 상식적인 견지에서 보더라도, 경기도 교육청에 있는 것과 똑같은 이름의 '교육국' 을 지방자치단체가 신설하고 교육정책과를 둔다는 것은, 지방자치단체장에게도 교육자치와 교육행정에 관한 사항을 독자적으로 기획하고 집행할 권한이 있다는 뜻으로 여겨질 것입니다.

우리의 교육자치가 일반 행정과 독립되어 발전해 온 과정은, 국가의 백년대계인 교육이 정치권력과 경제 논리에 의해 함부로 침해받지 않고 교육의 전문성과 중립성이 존중되는 가운데 교육 정책이 자주적으로 입안되고 실현되어야 한다는 정치 · 사회적 역사성에 뿌리를 둔 것입니다.

이는 특정한 정당에 소속된 정치인에 의해 교육정책이 집행될 경우에 발생할지 모를 여러 문제점을 미연에 방지하기 위한 사회적 합의 장치입니다.

그러나 이번 교육국 신설은 우리 교육자치의 근간과 관련된 중대한 제도 개편 사안임에도 불구하고 조례 개정안이 발의되는 과정에서 관련 기관과의 어떠한 협의도 진행되지 않았을뿐더러, 우리 교육청이 공식 문서로 제출한 반대 의견은 의회에 제출된 문서에서 "입법 예고 결과 의견 없음"이라는 간단한 진술로 묵살되고 무시되었습니다.

조례 개정안을 발의한 경기도지사는 우리 교육계는 물론이고 각계각층의 빗발치는 비난 여론을 지켜보면서도, 그리고 문제 해결을 모색하기 위하여 어렵게 마련된 교육감과의 면담 자리에서조차도 이토록 심각한 논란을 일으킨 사안에 대하여 행정 책임자로서 최소한의 해명과 해결책도 제시하지 않는 묵묵부답으로 일관하였습니다.

권력기관을 감시하고 견제하며 갈등 해결을 중재하여야 할 의회는 상임위원장 명의의 입장 발표문에서 오히려 우리 교육청에 대해 "그간의 잘못된 행태에 대하여 정중히 사과할 것을 촉구"하는 등, 의회 민주주의 역사상 유례를 찾아보기 힘든 편파적인 모습을 보여 주었습니다. 교육에 관한 대표적 대의기관인 경기도 교육위원회와 많은 정당의 중앙당 차원의 반대 성명, 진보와 보수를 아우르는 교육계 전체, 그리고 우리 사회의 대표적인 학부모 · 시민 · 사회 단체 등 80여 개가 넘는 기관과

단체의 반대 성명, 언론의 우려, 12만 명이 넘는 반대 서명과 같은 우리 사회 전체를 아우르는 여론은 심의 과정에서 고려의 대상이 되지 못하였습니다.

경기도지사님과 경기도 의회에 다시 한 번 간곡히 당부 드립니다.

진정 우리 교육을 걱정하고 지원하고자 하신다면, 갈수록 줄어드는 경기도의 교육 지원 예산을 대폭 증액하고 학교용지 부담금을 조속히 상환하여 과밀학급으로 고통 받는 학생과 학부모의 고통을 줄이고 공교육의 질을 개선할 수 있도록 노력하여 주십시오. 2010년도에 지방교육재정교부금이 대폭 감액되는 상황에서 우리 교육계가 겪을 어려움을 살펴 주십시오. 그리고 정치적 이해에 따라 교육이 흔들리지 않도록, 교육계 및 도민의 여론을 진정으로 수렴한 조례 개정안이 될 수 있도록 조례 개정안 재의결 절차를 진행시켜 주십시오.

교육국 설치 관련 조례가 원안대로 의회를 통과한 지금, 우리는 참담하고 당혹스런 심정은 잠시 숨겨 두고 향후의 해결 방안에 대하여 지혜를 모으고자 합니다.

도지사와 의회가 법률에 의해 지닌 권위와 권능을 존중하지만, 교육계를 비롯한 국민들의 정서와 여론이 충실하게 반영될 수 있는 정당한 절차와 과정 또한 민주주의의 요체이기 때문입니다. 우리는 또한 법 정신의 상호 충돌이 발생했을 때의 합리적 조정 과정을 규정한 모든 제도의 도움을 요청할 것입니다.

우리의 온갖 노력에도 불구하고 조례 개정안에 의거하여 조직이 개편되고 자치단체가 주관하는 교육 정책이 집행된다 하더라도, 우리는 사업 기획과 집행 과정에서 신성한 교육자치가 훼손되는 장면이 발생하는지 지켜볼 것이며, 정치적 판단에 의한 졸속 행정이 이루어질 경우 교육 정책 집행기관으로서 지닌 모든 권한과 도민들의 힘으로 이를 막아 낼 것임을 천명하고자 합니다.

지난 2009년, 행정자치단체인 경기도청이 교육 주무 관청인 우리 교육청과 사전 협의도 없이 교육청 핵심 조직인 '교육국'과 동일한 명칭과 유사한 사무의 '교육국'을 신설하는 것을 골자로 하는 '경기도 행정 기구 및 정원 조례 일부 개정 조례안'을 입법 예고하고 다수당인 새누리당(당시에는 한나라당) 주도로 가결한 일의 부당성을 알리려고 쓴 글입니다.

저는 이 같은 시도를 행정자치에 의한 명백한 교육자치 침해로 규정하고 전국 교육감을 비롯한 교육계, 그리고 교육자치 정신의 훼손을 염려하는 수많은 사람들의 중지를 모아 간곡하고 절박하게 이를 철회해 줄 것을 요구했으나 끝내 묵살되고 말았습니다.

그러나 헌법이 보장하는 교육자치의 정신과 법률 체계를 부정하면서까지 무리하게 탄생시킨 경기도청의 '교육국'은 2010년 10월, 불과 1년여 만에 '평생교육국'으로 명칭과 사무가 다시 개편되었습니다.

일제 고사에
대한 생각
― 국가 수준 학업 성취도 평가는
'비교육적' 입니다

교육과학기술부 장관이 시행하는 전국 단위 학업 성취도 평가는 모든 학생들이 동일한 문제로 동시에 평가를 치르는, 소위 일제 방식의 학업 성취도 시험입니다.

교육의 효과를 높이고 올바른 교육정책을 수립하기 위해서 학생들의 학업 성취 수준에 대해 평가를 하는 것은 필요하고 중요한 일입니다. 하지만 어떻게 평가하고 그 결과를 어떻게 활용하느냐 또한 그에 못지않게 중요합니다. 즉, 평가의 목적과 기준을 분명히 마련하는 것이 중요합니다. 교육의 전반적 효과를 높이고 학생 개개인의 여건과 자질에 합당한 질 높은 교육을 지향해야 할 평가가 오히려 학생들의 자율적 선택권을 억압하고 학생들을 단편적 기준으로 서열화하여 교육 현장의 소외와 파행을 극단적으로 심화시킬 수도 있기 때문입니다. 이는 학생, 학부모는 물론이고 시행 주체인 교육과학기술부 또한 결코 원치 않는 일일 것입니다.

그러나 지금까지 진행된 상황으로 볼 때, 이번 학업 성취도 평가도 방법상의 부작용과 평가 결과의 활용을 둘러싼 혼선이 야기될 가능성이 있는 것으로 판단됩니다. 우선, 암기 위주의, 혹은 단일한 결과론적 지표를 중시하는 전국적 학업 성취도 평가는 교육 현장의 다면적 문제를 분석하고 학생들의 본질적 학력 향상을 위한 적실한 교육 대안을 제시해 주기에는 부족한 점이 너무 많습니다. 그러한 만큼, 이 평가는 공교육의 혁신을 위한 다양한 '참고 자료' 중 하나 정도라는 의미를 가진다고 봅니다.

이미 일선 학교에서 성적 조작이 이루어진 사례가 있으며, 학교마다 성취도 평가에서 성적을 올리기 위한 방과 후 학습과 보충학습을 앞다투어 실시하고 있습니다. 초등학교에서조차 일제 고사를 목표로 방학 중 보충수업을 실시한 사례가 발견되고 있습니다. 나아가, 교육상의 참고 자료가 되어야 할 학업 성취도 평가를 중간고사나 기말고사와 같은 '성적 평가 자료'로 대체하겠다는 학교까지 나오고 있는 실정입니다. 참고 자료의 하나로 간주되어야 할 성취도 평가가 일선 학교에서는 교육 방향을 단편적으로 고정시키고 획일화하는 '절대화된 목표'가 되어 버리고 있습니다. 그러다 보니 일제 고사를 위한 사교육도 늘어나, 사교육을 줄이겠다는 정부의 정책조차도 자기 부정할 가능성이 큽니다.

전국 단위에서 강제적으로 실시되는 일제 방식 평가는 여러 가지 문제점을 안고 있습니다. '일제 고사'가 학교교육을 질적으로 향상시킬 수 있는 방안을 제시해 줄 수 없으며, 학생 및 학부모의 교육 선택권을 무시할 가능성이 크고, 나아가 평가 결과가 무원칙하게 공개될 경우 교육 현장을 구조적으로 왜곡할 수도 있습니다.

따라서, 우리 교육청은 전국 단위의 강제적 일제 고사의 비교육적인 측면과 부작용을 개선하기 위해 학교별 표집 평가를 대안으로 제시하고 있습니다. 그리고 정부가 추진하고 있는 교육과정의 다양화를 위해서도 학교별, 학급별로 이루어지는 교육의 방향과 내용, 목표와 방법 등의 다양성과 특수성을 감안한 보다 입체적이고 다면적인 평가가 필요하다고 밝힌 바 있습니다.

그럼에도 교과부는 일부 시·도 교육감을 비롯한 교육 공동체 전반의 우려에도 불구하고 일제 방식 학업 성취도 평가를 의무화하고 있습니다. 그동안 우리 교육청에서는 일제 방식 학업 성취도 평가의 부작용을 최소화하고자 다양한 검토를 하였으나, 현행 법률에 따르는 의무적 위임 사무이기 때문에 이를 수용할 수밖에 없다는 최종 결론을 내린 바 있습니다. 일제 방식의 전국적 학업 성취도 평가가 가져올 교육 현장의 파행과 부작용을 생각하며, 경기도 교육 전반의 책임자로서 한없는 무력감과 안타까움을 느낍니다. 도민 여러분과 학생, 학부모께 진심으로 송구한 마음을 금할 수가 없습니다.

법률적 한계는 인정하더라도 우리는 일제 방식 학업 성취도 평가에 대해 비판적 입장을 견지하고 있으며, 그러한 평가의 문제점을 최소화하기 위해 최선의 노력을 다하고자 합니다. 교육과정에서 성취도 평가의 중요성과 필요성에 대해서는 누구도 이의가 없을 것입니다. 하지만, 바람직한 평가라면, 공교육의 건강한 역할을 강화하고 교육 사회 내부의 무한 경쟁과 구조적 양극화를 넘어서겠다는 방향성을 가져야 합니다. 각 학생이 학교 현장에서 자율과 창의의 방법으로 기초부터 튼튼하게 학업을 할 수 있도록 보장하고, 아이들이 역동적 교수—학습 구조 속에서 진취적 상상력을 발휘하며 자기 계발을 강화해 가는 것을 돕는 방향으로 평가가 이루어져야 합니다. 이러한 의미에서 평가의 시행 방법과 대상, 그리고 그 결과의 공개 여부 등에 대한 다양한 토론이 인정되어야 하며, 토론 결과가 평가 과정에 적절히 반영되어야 합니다. 그리고 평가에 대한 학생 및 학부모들의 선택권과 자기 결정권이 충분히 보장되어야 합니다.

이러한 인식에 따라, 국가 수준의 일제식 학업 성취도 평가와 관련하여 다음과 같이 의견을 밝힙니다.

첫째, 정부는 앞으로 국가 수준의 학업 성취도 평가와 관련된 정책 전반을 다시 생각해야 할 것입니다. 정부 스스로 마련한 교육정책에도 나오듯이 평가의 다양화(입체화), 표집 평가, 평가 결과의 비공개 등과 같은 방법을 통해 학업 성취도 평가의 본래 목적을 충분히 달성할 수 있습니다.

둘째, 학업 성취도 평가에서 학생, 학부모의 선택권과 자기 결정권이 충분히 인정되어야 할 것입니다. 평가를 원하는 학생의 학습권을 보장하는 것처럼, 일제 방식 평가를 원치 않는 학생 및 학부모들의 선택과 자기 결정 또한 헌법적 권리로서 충분히 존중되어야 합니다. 따라서, 이번 학업 성취도 평가에서도 유연한 조치를 취해야 한다고 생각합니다.

셋째, 무원칙하게 평가 결과를 공개해 학생 간 경쟁을 부추기고 학교 간 서열화를 조장하는 일이 없어야 할 것입니다. 경기도 교육청에서는 평가 결과가 최대한 교육적 목적에 맞게 공개·활용될 수 있도록 주어진 권한과 의무에 따라 엄정하게 처리해 나가겠습니다.

넷째, 경기도 교육청은 내년부터 입시에 꼭 필요한 모의고사 등 몇 가지 불가피한 평가를 제외한 다수의 일제 방식 평가를 폐지할 것입니다.

2009년 10월 13, 14일로 예정된 국가 수준 학업 성취도 평가를 앞두고 발표한 성명서를 정리한 글입니다. 전국 단위의 강제적 일제 고사는 지금도 계속되고 있고, 따라서 이 글의 문제 제기 역시 여전히 유효합니다.

교육감의
'직무'라는 것 1

존경하는 재판장님! 아시다시피 저
는 지금, 시국 선언 교사들에 대한 징계 요청을 사법부의 최종 판단 이
후까지 유보한 경기도 교육감으로서의 결정이 위법한 직무 유기에 해당
하는지에 대한 법원의 판결을 받기 위하여, 1심에 이어 또다시 법정에
서 있습니다.

안타깝게도, 저는 교육과학기술부의 고발과 검찰의 기소, 1심 무죄판
결에 불복한 항소로 이어지는 이 힘든 과정이 과연 우리 교육과 사회의
민주적 발전에 어떠한 의미가 있는 것인지 지금까지도 잘 알지 못합니
다. 그동안 우리 사회의 민주주의 발전 과정에서 가꾸어 온 고귀한 정신
과 실천이 이렇듯 소모적인 과정을 다시금 겪는 것에 대한 서글픔 또한
감추기 어렵습니다.

헌법이 명시한 것처럼, 경기도 교육감인 저는 국민 전체에 대한 봉사자로서 국민에 대하여 책임을 지고 있고, 또한 관련법에 따라 법규를 준수하면서 성실히 그 직무를 수행하여야 할 의무를 지닌 사람입니다. 저는 이 의무의 핵심은 헌법적 가치에 대한 준법 정신과 실천이며, 이는 미래 세대를 길러 내는 교육자치단체의 책임자로서 더욱 엄정하게 수행하여야 한다고 믿고 있습니다. 또한, 이 직무의 내용에는 마땅히 수행하여야 할 일 뿐 아니라 마땅히 수행하지 말아야 하는 일도 함께 포함되는 것이며, 이의 기준 또한 헌법적 가치와 판단에 따라야 한다는 것은 당연한 일일 것입니다.

저는 여전히 표현의 자유는 국민의 기본권이고, 또한 이번 일처럼 법리적·사회적 논란이 거듭되는 사안에 대하여 사법부의 최종 결론이 있을 때까지 징계를 유보한 것은 법과 상식에 비추어 당연하며, 이는 교육자치의 기본으로서 존중받아야 한다고 믿습니다.

참으로 감사하게도, 1심 재판부는 이 같은 저의 판단이 법리적으로 정당하다고 명쾌하게 판결해 주셨습니다.

시국 선언이 징계 사유에 명백히 해당하는지 여부가 불분명하고, 교과부 방침대로 중징계를 요청할 경우 비례와 평등의 원칙에 반할 소지가 있다고 판단해 주셨습니다.

또한, 저의 징계 의결 요구 유보 행위가 징계권자로서의 책임감과, 주민 직선으로 선출된 교육감으로서의 철학적 양심에서 비롯한 것이라는 점을 이해하고 자치 정신과 제도의 근간을 살펴 주시면서, 이는 법령에 규정된 '상당한 이유'가 있는 재량권에 해당하는 것이고, 따라서 이는 직무의 의식적인 포기와 방임이라고 단정하기 어렵다며 무죄판결을 내려 주셨습니다.

저는 1심 재판부의 이러한 판결을 보면서 사법부가 지닌 참된 권위를 다시 확인하였습니다. 단순히 저에 대한 무죄선고에 대한 감사만이 아닙니다. 이는 민주주의와 인권, 그리고 자치와 관련된 헌법적 가치는 그 어떤 법령이나 행정 지침보다 우선한다는 당연한 원리를 다시 한 번 확인시켜 준 명확한 법리적 해석이며, 진정한 자치 실현의 토대를 마련한 기념비적 판결이 될 것이라고 생각하였습니다. 또한, 헌법 정신을 온전하게 판결로 구현하시는 사법부에 대한 신뢰와 깊은 존경심을 갖게 되었습니다.

존경하는 재판장님!

저는 교과부의 무리한 고발과 검찰의 무리한 법 적용이 교육적 가치의 으뜸인 민주주의를 위태롭게 하고, 공권력에 대한 국민적 신뢰를 잃어버리는 계기로 작용하는 것을 깊이 우려합니다.

자치의 근본은 각자의 권한에 대한 상호 존중과 신뢰입니다. 검찰과 법원 또한 헌법 정신의 기본인 민주사회 분권의 원칙에 따라, 참된 자치 질서와 문화가 뿌리내릴 수 있도록 국민이 부여한 권능을 지혜롭게 행사해 주셔야 한다고 믿습니다.

독재와 권위주의로 점철된 과거의 잘못된 관행인 중앙정부의 일방적인 지시와 압박, 그리고 법 논리를 벗어난 무리한 정치적 공소권 행사는 불필요한 소모적 갈등을 거듭할 뿐이며, 자치의 근간을 뒤흔드는 퇴행적인 행위가 아닌지 염려합니다. 달라진 시대 흐름을 반영하지 못한 채, 대화와 소통의 힘보다는 손쉬운 권력의 힘에 기대는 과거형 인식과 행태가 이제는 바뀌기를 간절히 소망합니다.

존경하는 재판장님!

다시 말씀드리지만 저는 직무를 '유기'한 적이 없으며, 오히려 가장 적극적으로 교육감의 직무를 수행했다는 신념에는 변화가 없습니다.

저는 이 사안에 대한 재판의 과정과 결과가 우리 사회에서 헌법적 가치와 정신이 구현되는 방식과 교육자치의 발전 방향을 가늠할, 매우 중요한 시금석이 되리라고 생각합니다.

우리 시대 우리 교육 현실에서 과연 무엇이 진정한 교육 혁신을 가능하게 하고 교육감으로서 직무를 올바르게 수행하는 일인지, 사회 전체가 냉철한 지성과 무거운 책임 의식으로 통찰해야 한다고 믿습니다. 이는 또한 법 정신을 구현하는 법원의 정의로운 판결을 통해 분명하게 환기될 것이라 믿어 의심하지 않습니다.

존경하는 재판장님!

저는 평생을 교육자로 살아왔습니다. 가르치는 순간순간마다 교육이 얼마나 어려운지, 학교에 부여된 책임이 얼마나 막중한지 잘 알고 있습니다. 특히 교육감에 취임한 이후에는 교육 혁신에 대한 국민적 열망이 얼마나 간절한 것인지를 몸으로 느꼈습니다.

학교와 교육의 기본을 바로 세워 대한민국의 밝은 미래를 열어 갈 살아 숨 쉬는 교육의 장으로 만들기 위하여 미력하지만 혼신의 힘을 다해 저에게 주어진 '직무'를 수행하고 있고, 앞으로도 초심을 잃지 않도록 성찰을 계속할 것임을 이 엄숙한 법정에서 다시 약속드립니다.

마지막으로, 위기의 공교육을 살리는 일에 온 힘을 모아야 할 때에 정치적 논리로 재단된 이 같은 송사가 더 이상 반복되지 않기를 간절히 기원하면서, 존경하는 재판부의 현명한 판결을 부탁드립니다.

감사합니다.

시국 선언 관련 교사들에 대한 징계 의결 요구를 사법부 판결이 날 때까지 유보한 것이 교육감으로서 '직무 유기'에 해당한다는 이유로 기소되어 받은 항소심 재판에서 한 최후 진술을 정리한 것입니다. 앞의 변론 취지를 받아들여, 항소심 재판부에서는 검찰의 항소를 기각하고 1심 무죄판결의 정당성을 확인해 주었습니다.

교육감의
'직무'라는 것 2

존경하는 재판장님! 저는 경기도 내 2백만 학생에 대한 교육을 책임진 주민 직선 교육감으로서 2년이 채 못 되는 시간 동안 직무를 수행해 왔습니다.

주민의 뜻에 따라 선출된 교육자치단체장이 유관 기관으로부터 연이은 고발과 기소를 당해 수시로 재판정에 서야 하는 지금의 상황은, 개인적 고통을 넘어, 우리 시대 허약한 교육자치의 현주소를 그대로 드러내는 안타까운 장면일 수밖에 없습니다.

이번이 마지막 법정 진술이기를 간절히 바라면서 존경하는 재판부에 제 생각을 말씀드리고자 합니다.

저는 요즘 획일과 통제에 기초한 권위주의적 권력과 질서가 지배하는 사회에서 민주적으로 소통하며 신념과 철학을 펼치는 것이 얼마나 힘들고 어려운 일인지 절감하고 있습니다. 자치와 분권이라는 민주주의의 기본 원리는 여전히 표방된 이념일 뿐, 우리의 일상 속에서 체감되고 구현되는 원리로까지 나아가지 못하고 있다고 느낍니다. 그러나 한편으로는 그러한 현실이기에, 저에게 주어진 소임이 얼마나 무거운 것인지를 인식하는 계기가 되기도 합니다.

존경하는 재판장님!

아시다시피 저는 지금 경기장학재단의 카드 기금 조성과 출연, 그리고 학생들에게 장학금을 지급한 행위가 공직 선거법에서 금지한 공무원의 기부 행위에 해당한다는 교육과학기술부의 수사 의뢰와 검찰의 기소에 이은 항소에 따라, 이 사안이 과연 교육감으로서 '지방교육에 관한 자치 법률'을 위반한 행위인지에 대한 법원의 판단을 다시 받기 위해 이 자리에 서 있습니다.

안타깝지만, 저는 지금까지도 교과부의 수사 의뢰와 검찰의 기소, 1심 무죄판결에 불복한 항소로 이어지는 이 힘든 과정이 우리 교육과 사회의 민주적 발전에 과연 어떠한 의미가 있는 것인지를 잘 알지 못합니다.

저는 교육감의 직무 행위의 범주를 크게 두 가지로 생각하고 있습니다. 하나는 행사 참석과 결재 등 일상적·의례적 업무의 영역이고, 또 하나는 교육 주체들의 다양한 의견을 경청하면서 위기의 공교육 혁신을 위한 교육정책의 기조를 설정하고 그 실현을 위한 정책을 집행함으로써 교육의 공공적 가치와 진정한 교육 경쟁력을 추구하는 일입니다.

이번 사안은 전자의 일상적이고 관례적인 직무와 행사 참석이 불법 혐의를 받은 것인데, 설령 저의 행위 하나하나에 대한 구체적인 행동 지침을 면밀히 살펴보지 못한 불찰이 있었다 하더라도, 이는 일상적인 직무 범주에 속하는 행위라고 봅니다. 이것을 공직 선거법에서 금지한 기부 행위라는 범죄로 간주하는 것은 사안에 대한 지나친 확대해석이라는 생각을 감추기 어렵습니다.

교육감으로서 신중을 거듭 기해야 할 수많은 중요한 정책들이 산적한 상황에서, 전임 교육감 때부터 일상적으로 진행해 온 관행화된 사업인데다 도의회 의결을 거친 예산에 대한 단순 집행 절차와 행사라는 점에서, 교육감의 일상적 직무 영역으로 이해했던 것입니다.

참으로 감사하게도, 1심 재판부는 이 같은 저의 판단과 행위가 "제반 사정 및 법리에 비추어 볼 때, 일반인의 건전한 상식과 사회 통념에 의하더라도 정상적인 업무 수행 행위의 하나인 의례적 행위나 직무성 행위로서 사회 상규에 위배되지 아니한다"고 판단하여 명쾌하게 무죄판결을 내려 주셨습니다.

저는 1심 재판부의 판결을 보면서 사법부의 참된 권위를 다시 확인하였습니다. 저에 대한 무죄선고가 고마웠기 때문만은 아닙니다. 1심 판결은 중앙정부의 길들이기식 문제 해결 방식과, 법적 형평성을 망각한 검찰의 편들기식 공소권 행사로 인한 소모적 갈등을 지양하라는 사법적 정의를 담은 기념비적 판결이며, 이를 통해 신뢰와 소통에 바탕을 둔 진정한 자치 문화가 앞당겨 실현될 수 있으리라고 기대했기 때문이었습니다. 법 정신을 온전하게 판결로 구현하시는 사법부에 대한 신뢰와 깊은 존경심은 당연한 것입니다.

존경하는 재판장님!

저는 이 재판의 도화선이 된, 장학금 관련 근거 조례가 명확하지 않다는 교과부의 종합 감사 결과는 충분히 존중해야 한다고 봅니다. 하지만, 이는 송사에 앞서 일상적인 행정 절차를 통해서도 충분히 개선할 수 있는 문제입니다. 그것이 일반의 상식이며, 소통을 중시해야 하는 행정의 기본이기 때문입니다.

그러나 그러한 절차를 생략한 채 곧바로 수사를 의뢰한 교과부, 그리고 사안의 맥락을 충분히 이해하게 해 줄 각종 판단 근거가 있는데도 기소에 이어 판결에 불복하며 항소까지 감행하는 검찰의 결정에 대하여 그 진의를 이해하기 어렵다는 것이 제 솔직한 심정입니다. 더욱이, 판결이 나오기도 전에 법정 밖에서 검찰이 "국가 예산으로 자신이 기부하는 것처럼 생색을 내는 불법"이라거나 "상식에 맞지 않는 언론 플레이를 하고 있다"는 등의 참으로 몰상식한 공개 발언을 한 사실을 언론에서 접했을 때에는 이루 말할 수 없는 당혹감을 느꼈습니다.

처음으로 선거를 통해 자치단체장에 취임한 저는, 제가 살아온 삶의 방식과 개인적 양심의 차원을 넘어 공직 선거법이 금지하고 있는, 선거 지지를 유도할 목적으로 하는 기부 행위를 할 수 있을 만큼 능수능란한 정치적 연륜도 능력도 갖고 있지 못합니다. 그것은 평생을 교육자로 살아온 제 신념 밖에 있는 부끄러운 행위입니다.

저는 며칠 전 고교 평준화와 관련하여 시민들께 드리는 편지글을 통해, 행복한 교육은 우리 모두의 꿈이지만 신뢰와 소통과 같은 사회적 자본이 부족한 우리 교육 현실에서 교육 개혁은 심한 몸살을 겪으며 진행될 수밖에 없다고 말씀드리면서, 그러나 어떠한 어려움이 있더라도 교육 혁신에 대한 도민의 명령을 받아 수행하는 직무에 결코 지치지 않겠다고 다짐한 바 있습니다. 저는 앞으로도 초심을 잃지 않기 위한 성찰을 계속하면서, 임기 동안 주어진 책무에 정직하게 최선을 다할 것임을 이 엄숙한 법정에서 다시 약속드립니다.

존경하는 재판장님을 비롯한 재판부에 다시 부탁드립니다.

법 정신의 기본인 민주적 분권의 원칙인 각자의 권한에 대한 상호 존중과 신뢰라는 참된 자치 질서와 문화가 뿌리내릴 수 있도록, 헌법이 부여한 권능을 부디 지혜롭게 행사하여 주십시오.

감사합니다.

앞의 변론 취지를 받아들여, 항소심 재판부에서는 검찰의 항소를 기각하고 1심 무죄판결의 정당성을 확인해 주었습니다.

올바른 역사교육,
우리의 미래입니다

2011년 11월 8일, 교육과학기술부 장관이 확정·발표한 중학교 역사 교과서 집필 기준으로 인한 후유증이 날로 심각해지고 있습니다. 현 정부 들어 역사 교육과정과 역사 교과서를 둘러싸고 나날이 격해져 왔던 논란에 갈등과 논쟁의 불씨를 더하고 있습니다.

역사 교육과정과 교과서 집필 기준은 식민통치와 전쟁, 분단, 독재와 민주화 투쟁으로 이어진 근현대사에 대한 정확한 인식을 갖게 하는 바탕이 되어야 합니다. 그래서 졸속과 편향이라는 국민적 비판이 계속되는 지금의 안타까운 상황은, 비판을 잠시 피해 가려는 미봉책이 아닌, 보다 근본적인 성찰과 해법을 필요로 합니다.

대표적인 민주화 운동의 사례가 집필 기준에서 빠졌습니다. 역사 교과는 홀대받고, 역사 수업 시간은 감소하였습니다. 교과서 집필자들은 학문적 양심이 아니라 강요된 집필 기준을 따라야 합니다. 이 모든 문제, 개악의 위기에 처한 교과서 문제의 해법을 찾아야 합니다.

저는 경기도 초·중등 교육을 책임지고 있는 교육감으로서, 역사 교육과정과 교과서 집필 기준의 고시 과정에서 드러난 절차와 내용에 대한 국민적 비판을 현 정부가 겸허히 수용하고, 정부 기관과 조직이 발생시킨 잘못에 대하여 대통령께서 직접 나서서 해결해 주실 것을 촉구하고자 합니다.

역사 교육과정과 집필 기준은 어떻게 역사를 이해하고 가르칠 것인가에 관한 지침으로서, 교과서 편찬의 출발점이자 국가와 교육의 정체성과 연관된 매우 중대한 의제입니다.

교육과정과 집필 기준의 목적은 좋은 역사 교과서를 만드는 것입니다. 그러나 잘못된 집필 기준은 검열과 다르지 않습니다. 특히, 비역사적·비사실(史實)적 내용의 삽입이나 중요한 내용의 누락은 역사교육의 근간을 흔드는 매우 위험한 조치입니다.

'민주주의'와 '자유민주주의' 논란, '독재'와 '독재화' 논란, '한반도의 유일한 합법 정부' 등 역사적 사실에 대한 판단과 해석은 역사학계와 역사교육계가 합의한 의견을 존중하면 됩니다. 정치 성향을 떠나 학문적 성과의 집대성을 따르면 됩니다.

국사편찬위원회와 교과부는 친일파 청산, 5·18 민주화 운동, 6월 민주항쟁 등의 누락에 대해 해명을 내놓고 있습니다. 하지만 빗발치는 여론을 잠재우기 위한 미봉책이 아닌가 의심스럽습니다.

국사편찬위원회와 교과부는 '대강화 원칙'에 따라 교과서 집필자의 자율성을 존중하기 위한 조치라고 합니다. 그러나 교육과정은 대강화의 원칙이지만 집필 기준은 매우 구체적으로 기술되어 왔다는 점, 현 집필 기준의 다른 항목은 매우 구체적이고 상세하다는 점에 비추어 볼 때 설득력이 약합니다.

무엇보다, 교과서의 졸속 편찬이 우려됩니다. 개정 교육과정에 따른 교과서는 2013학년도부터 전면 적용됩니다. 2012년 8월까지 검정을 통과해야 하고, 이를 위해 2012년 초에 검정을 신청해야 합니다. 불과 4개월입니다. 교과서 집필과 편집, 수정에 주어진 시간이 4개월입니다. 학생들이 공부할 교과서를 이 짧은 기간에 만들도록 하는 것은 일반의 상식에 비추어 보더라도 졸속입니다.

지금의 사태를 초래한 근본 원인은 민주적 절차와 학문의 자유와 정치적 중립성을 무시하고, 역사교육과 역사 교과서를 정치 이념의 장으로 여기는 일부 세력과 교과부의 잘못된 인식과 발상입니다.

정치는 학문과 교육을 지배하면 안 됩니다. 학문의 자유와 진흥을 총괄하는 교과부가 전문 연구자와 전문가들의 의견을 무시하면 안 됩니다. 장관의 '직권 수정'이라는 초유의 방법을 동원해서는 안 됩니다.

사실(史實)과 학계의 연구 성과에 의하지 않고 정치적 편향성에 입각하여 학문과 교육을 재단하는 것은 참으로 불행한 일입니다. 정권이 교체될 때마다 정권의 입맛에 맞는 교육과정과 교과서를 만드는 것은, 우리 스스로 헌법적 가치를 훼손하는 어리석은 행위입니다.

역사교육은 중요합니다. 우리 교육청이 한국사와 동아시아사 중 하나를 고등학교의 필수 과목으로 지정하도록 한 것은 역사교육을 매우 중요하게 인식했기 때문입니다. 그러나 교과부는 현행법 위반이라며 수정을 요구하다가 2011년 4월에는 한국사를 필수과목으로 지정한다고 발표하는 등, 혼선을 거듭해 왔습니다. 이런 상황에서 중학교의 집필 기준이 역사 왜곡과 정치 편향 논란을 불러일으키는 것은 교육정책에 대한 국민적 불신을 자초하는 일입니다.

저는 참으로 안타까운 심정으로 정부에 제안하고자 합니다.

역사 교과서 사태는 학문의 자유, 교육의 정치적 중립성이라는 헌법 가치와 관련된 사안입니다. 역사적 사실과 대한민국의 미래에 관한 사안입니다. 그런 만큼, 사회적 비판에 대해 미온적으로 대처할 것이 아니라, 교육과정과 집필 기준 고시 자체를 철회하고 사회적·학문적·교육적 합의를 이끌어 내는 과정을 다시 밟아야 합니다.

그리고 교과부와 국책 기관이 해결하지 못한 사안이므로, 이제 국정의 최고 책임자이신 대통령께서 직접 나서서 결단하고 해결하시는 것이 필

요합니다. 그것만이 불필요한 국론 분열을 막고 학문과 교육의 소중한
가치를 지키는 길이 될 것입니다.

올바른 역사 인식은 대한민국의 미래입니다.

교육감 직선제와
교육자치

교육감 직선제 폐지를 비롯하여 교육자치 제도를 퇴행시키려는 정치권과 일부 언론, 그리고 정부의 움직임이 심상치 않습니다. '현행 교육감 직선제 손질' 시도는 이번이 처음이 아닙니다. 직선 교육감이 등장하기 시작한 2009년부터 곧바로 교육감 직선제 폐지론이 제기되었으나, 교육을 정치적 통제 아래 두고자 한다는 비판 여론에 밀려 물밑에 잠복해 있다가 최근의 일부 지역 교육감 비리 의혹 사건을 빌미로 다시 공론화가 시도되고 있는 것으로 보입니다.

물론, 교육감 직선제 도입 초기에 교육감 선거는 국민들의 관심을 별로 받지 못한 것이 사실입니다. 교육감 직선제 도입 이후 처음 치러진 2007년 부산시 선거에서 투표율은 15.3%였고, 충남 · 서울 · 대전 · 경기 등 다른 지역에서도 20%를 넘지 못했습니다. '그들만의 리그'에 수백억 원을 들여 선거를 치를 필요가 있느냐는 선거 무용론이 일각에서 나온 것도 사실입니다.

그러나 2009년 경기도에서 내놓은 무상급식과 혁신학교, 학생인권조례 등의 교육정책이 우리 사회 전체의 주요한 의제가 된 이후로 상황은 분명히 반전되었습니다. 교육감 직선제를 축으로 하는 교육자치가, 그동안 중앙에서 지시하면 지방에서는 그대로 따르는 식으로 이루어졌던 획일적 교육에서 벗어나는 데 매우 중요한 제도라는 점을 국민들이 깨닫기 시작했기 때문입니다.

여러 사람들이 직선 교육감의 한계를 말합니다. 비리 교육감 양산 체제라느니, 교육이 정치에 휘둘린다느니, 선심성 교육정책을 남발하여 국가백년지대계인 교육을 흔든다느니 하는 이상한 논리를 앞세워 직선제 폐지를 주장합니다. 또한, 교과부의 위임 사안이 많아 독립성이 약하고, 지방의회가 발목을 잡을 경우 별다른 대안이 없다는 지적을 하기도 합니다. 하지만, 이러한 논리는 한 번만 뒤집어 보면 그 정체가 뻔히 드러나는 거짓 논리입니다. 임명제나 공동 등록제나 러닝메이트 제도를 도입한다고 해서 이러한 문제가 해결되는 것은 결코 아니기 때문입니다.

2009년 이후 교육감 직선제를 통해 교육자치가 이루어 낸 우리 교육의 변화는 이전에 결코 볼 수 없던 것들이었습니다. 한국 교육의 기존 패러다임을 흔들었고 다르게 생각하는 법을 널리 알렸습니다. 학부모와 아이들이 행복해하는 새로운 학교를 만들었고, 무상급식이 '시혜'가 아니라 보편적 '복지'의 일환임을 알렸습니다. '교육'과 '입시'가 동의어인 이 나라에서 혁신학교, 학생인권 같은 '낯선' 개념을 국민적 의제로 만들어 내었습니다. 학교와 교사, 학부모들 위에 군림해 온 권위주의와 관료주의를 타파하고 참여와 자치의 민주적인 행정, 청렴 행정으로 교육행정을 바꾸어 왔습니다. 국민들은 결국 지난 지방선거에서 '진보 교육감'들을 대거 탄생시키는 것으로 직선제 교육자치에 대한 기대감을 표출했습니다.

그런데도 중앙정부는 이른바 진보 교육감들이 못마땅한 것 같습니다. 교과부 장관이 교육감을 고발하는 일이 수시로 일어납니다. 이 정부 초기에 선언했던 교육자치 확대 방침은 지금은 모두 자취를 감추었습니다.

급기야 2011년 9월에는 교과부 장관이 '세종시 공동 등록제 추진'의사를 밝히면서 올해 세종시 교육감 선거부터 공동 등록제를 시행해 보겠다는 발언을 해서 커다란 논란이 일기도 했습니다. 여당 대표가 모 교원단체와 만난 자리에서 "교육감과 광역 지방자치단체장의 노선이 다르면 충돌한다"는 점과 선거 비용 과다를 근거로, 현행 제도를 고쳐 "공동 등록제를 하고 선거 비용을 대폭 하향 조정하는 것으로 결정의 가닥을 잡아 가고 있다"는 발언을 하기도 합니다. 이에 앞서 2011년 9월에는 법 제정 소관 상임위원회인 국회 행정안전위원회의 장인 여당 의원이 '공동 등록형 주민 직선제' 도입을 위한 〈세종특별자치시 설치 등에 관한 특별법 일부 개정 법률안〉을 대표 발의하기도 했습니다. "곽 교육감 비리 의혹을 보면서 현행 교육감 선거 관련법을 전면 개선할 필요"를 느꼈다는 취지와, "향후 전체 교육감 선거에 순차적으로 영향을 줄" 목적임을 공공연히 밝혔던 것도 기억에 새롭습니다.

다행히, 이러한 '개악' 의도는 국민 여론에 부딪혀 관철되지 못했고, 올해 세종시 교육감은 예정대로 직선제로 선출되었습니다.

그러나 최근의 정황을 보면 앞으로 또다시 정치권과 일부 언론, 정부에서 교육감 직선제를 폐지하려고 다양한 시도를 할 위험성이 다분해 보입니다. 온 국민의 관심사인 교육 문제와 관련된 중요한 제도를, 진보와 보수를 떠나 현직 교육감 대부분이 반대하는 제도를, 의견 수렴 절차와 아무런 사회적 공론화 과정도 없이 일부의 입맛대로 불쑥 '변경 시행' 하겠다는 비민주적 발상이 또다시 반복되어서는 안 됩니다. 정부·여당은 현행 교육감 직선 제도를 '개선' 하겠다면서 교육감 비리, 선거 비용, 낮은 투표율, 주민의 무관심, 시·도지사와의 갈등 등을 표면적인 이유로 들고 있지만, 실제로는 '개악' 하려는 것임이 분명합니다.

정부·여당이 시도했던 공동 등록제는 사실상 정당 공천과 다를 바가 없습니다. 교육의 자주성과 정치적 중립성을 보장한 헌법에 대한 위헌의 소지조차 안고 있습니다. 당선에 유리한 기호를 얻으려고 경쟁하는 과정에서 오히려 더 많은 부패가 발생하고 교육계의 도덕성에 더 큰 흠집이 날 우려가 큽니다. 시·도지사와의 갈등 또한 큰 문제가 아닙니다. 갈등을 피한다는 명목으로 주민의 염원을 외면하는 것이 과연 옳은 일인지 역으로 생각해 보아야 합니다. 중앙정부와 정책이나 노선이 달라 국민을 혼란하게 하니 지방자치단체 선거를 폐지해야 한다고 중앙정부가 주장한다면 단체장들이 무엇이라고 반박할지 궁금합니다. 특정 국회의원의 비리 의혹 사건이 터졌다고 국회의원 직선제를 폐지할 것인지 묻고 싶습니다.

선거제도에 일부 문제가 있다고, 특정 정당이나 집단의 이해에 부합하지 않는다고 제도 자체를 폐지하고자 하는 것은 이미 '정당한 룰'을 어기는 것으로 어느 사회에서나 상식적인 금기입니다. '룰'의 기본은 합의이기 때문입니다. 교육감 선거에서 드러난 문제점은 정도의 차이는 있지만 어느 선거에나 존재합니다. 개선 방안을 마련해 고쳐 나가면 됩니다. 선거 공영제 강화 등, 대안은 다양하게 모색될 수 있습니다. 어렵게 국민적 합의를 통해 마련되고 본격 시행된 지 얼마 되지도 않은 제도를 섣불리 손질하려 들다가는 "빈대 잡으려고 초가삼간 태운다"는 우를 범할 가능성이 대단히 큽니다.

헌법과 법률에서 교육자치를 교육의 자주성과 전문성을 지키는 것으로 규정하고, 국가와 지방자치단체가 그것을 보장할 책임이 있다고 명문화하고 있음을 생각해야 합니다. 교육의 자주성은, 말할 것도 없이 정치권력으로부터 교육의 자유와 자율을 지키는 일이 최우선입니다. 그런 의미에서, 교육감 공동 등록제나 러닝메이트 제도 등이 교육의 정치적 중립성과 교육자치를 훼손하고 교육 발전에 나쁜 영향을 끼칠 것이라는 주장은 합리적입니다.

누가 보더라도 '교육감 공동 등록제'는 설익은 아이디어에 기초한 임시방편의 제도에 불과하고 풀뿌리 교육자치를 퇴행시키는 결과를 초래할 것이 분명하므로, 철회되어야 마땅합니다.

심리학자 크리스토퍼 차브리스의 『보이지 않는 고릴라』라는 책이 있습니다. 고릴라가 이상한 몸짓을 하며 지나가는데도 다른 일에 정신이 팔려 그것을 눈치채지 못하는 사람들의 일상적 착각, 그리고 그것을 교묘히 이용하는 언론과 기업과 정치인의 행태를 보여 주는 책입니다. 진실과 세상에 대한 인식을 왜곡하는 장막을 걷어 내고 눈 크게 뜨고 '고릴라'를 보는 일은, 우리 교육과 사회를 위해 우리 모두가 수행해야 할 책무입니다.

일곱 번째
이야기

미래를
위한
교육을
찾아서

학부모님!
아이들이 행복한
교육을 꿈꾸어 주십시오

무럭무럭 자라나는 어린 새싹들은 언제나 우리의 미래이자 희망입니다. '어린이'의 어원을 '얼인 이'로 풀이하는 분들이 있습니다. 영혼을 뜻하는 우리말인 '얼' 그 자체인 사람이라는 것이지요. 소파 방정환 선생님이 '어린이'라는 말을 만들고 어린이날을 제정하신 뜻은 우리 어린이들의 맑은 영혼이 온전하고 아름답게 성장할 수 있도록 함께 노력하자는 것이겠지요.

하지만 이렇게 소중한 존재인 어린이를 교육하기가 참 어려운 것이 우리의 현실입니다. 한 공익광고의 문구를 보실까요?

"부모는 멀리 보라 하고 학부모는 앞만 보라 합니다.

부모는 함께 가라 하고 학부모는 앞서 가라 합니다.

부모는 꿈을 꾸라 하고 학부모는 꿈을 꿀 시간을 주지 않습니다.

당신은 부모입니까? 학부모입니까?"

같은 사람인 부모와 학부모를 이렇게 편 가르고, 원인은 살피지 않고 '학부모' 책임만을 강조하는 것은 옳지 않다고 비판하는 분도 있겠지만, 우리 교육 현실의 어두운 그림자와 학부모로 사는 일의 어려움을 잘 보여 주는 문구임이 분명합니다.

어린이를 존엄한 인격체로 존중하면서 인격이 온전하게 성장하도록 돕는 기쁨을 누리기에 앞서 척박한 환경에서 혹시 내 아이가 경쟁에서 뒤처지지나 않을까 조바심할 수밖에 없는 현실은 자녀 교육의 고민을 더욱 깊게 합니다. 그러나 분명한 것은, 어린이가 행복하지 않을 때 부모도 행복할 수 없고 우리 사회 또한 함께 불행해진다는 사실입니다. 또, 과도한 경쟁 교육은 누군가를 끊임없이 '낙오자'로 전락시키고 공동체적 가치를 훼손하여 결국에는 모두를 피해자로 만들고 만다는 사실입니다.

그러므로 어린이를 교육할 때는 세심하게 살펴야 합니다. 우리 어른들이 어린이들의 기꺼이 배우고자 하는 본능을 빼앗는 것은 아닌지, 눈앞의 '순위'만을 보고 어린이가 지닌 잠재력을 무시하는 것은 아닌지 되돌아보아야 합니다. 〈어린이 헌장〉에서 말하는 대로, 모든 어린이는 항상 따뜻한 가정에서 사랑받으며 자라야 하고, 영양을 고루 섭취할 수 있어야 하며, 맑고 깨끗한 환경에서 살 수 있어야 합니다.

"만약 아이들이 병들었다면, 그것은 마음껏 놀 수 없는 것에 대한 아이들의 복
수다"

철학자 에리히 프롬의 말입니다.

자녀가 밝게 자랄 수 있도록, 아이의 창조 정신과 잠재력을 지지하고
격려해 주십시오. '멀리 보고, 함께 가고, 꿈을 꾸게' 해 주십시오. 자녀
와 눈높이를 맞추고 다정하게 말을 건네 주십시오. 아이가 어른과 사회
를 신뢰하고 존경하며 자랄 수 있도록 보살펴 주십시오. 어린이의 문제
는 언제나 '어른들의 문제' 임을 인식해 주십시오.

성장 과정은 어쩔 수 없이 실수와 과오가 수반되는 시행착오의 과정이
며, 어린이들은 이러한 과정을 지혜롭게 거쳤을 때 성숙한 민주 시민으
로 성장하게 됩니다. 저마다 다른 개성과 재능을 표출하는 방법이 서툴
러서 갈등이 생길 때에는 때로는 엄격하게, 때로는 다정하게 올바른 태
도를 가르쳐 주어야 합니다. 공동체 생활의 질서를 어지럽히거나 다른
사람에게 피해를 주는 행위에 대해서는 분명한 원칙을 제시하여 잘못을
깨닫게도 해야 합니다. 그러나 어떠한 훈육도, 그 근본은 이해와 사랑을
바탕으로 어린이들의 에너지를 창조적인 방향으로 이끄는 것이어야 합
니다.

우리 어린이들이 처한 현실을 안타까워하는 이유도 여기에 있습니다.
아이들이 학습에서 실패하는 근본 원인을 끈기 있게 탐구한 미국 교사

존 홀트는, 끊임없이 '정답' 만을 강요하는 어른들의 요구가 실패에 대한 '두려움' 을 아이들 마음에 심어 주고 그 때문에 배움에 실패한다고 말합니다. 그 두려움이 어린이의 타고난 도전 정신과 창조력, 이해력을 말살하고 나아가 인격과 지성의 조화로운 성장을 방해한다는 것이지요.

집이 가난하거나 부모님이 바빠서 제대로 보살핌을 받지 못하고, 감당하기 어려운 학습 부담에 짓눌리고, 더불어 살려는 마음가짐보다 이기적 태도를 먼저 익혀야 하고, 부모와 학교의 언어폭력과 체벌을 비롯해 온갖 사회적 폭력 속에서 살아가야 하는 우리 어린이들의 현실을 이제는 모두가 마음을 모아 바꾸어 나가야 합니다. 우리의 미래를 어둡게 하는 잘못된 문화와 제도를 바꾸어야 합니다.

우리 어린이들은 바로 지금 행복하게 배우고 자기 재능과 소질을 마음껏 발휘하며 성장할 자유와 권리가 있습니다. 그 출발점은 사랑과 존중이 넘치는 가정환경입니다. 존중받으며 자란 어린이가 남도 존중할 줄 안다는 것은 불변의 원리입니다. 나아가, "한 어린이를 기르기 위해서 온 마을이 필요하다"는 말처럼, 학교와 지역사회를 비롯하여 모든 사람이 나서서 우리 어린이들을 미래 사회가 필요로 하는 소중한 민주 시민으로 길러 내야 합니다.

우리를 기다리는 미래 사회는 첨단 물질문명이 주는 풍족함보다는 인간을 더 소중히 여기는 사회, 단순 지식보다는 공감 능력과 창조력과 상상력을 더 귀하게 여기는 사회가 될 것입니다. 따라서 더불어 사는 삶의 가치를 우선으로 익히도록, 따뜻하고 아름다운 정이 넘치는 세상을 만들어 나가는 창의적인 힘을 갖출 수 있도록 우리 아이들을 교육해야 합니다.

이번 어린이날에는 우리 아이들의 '아름다운 내면'을 찬찬히 들여다보면서 그동안 잊고 살았던 창조성, 놀이, 단순함, 솔직함, 순수함, 유연함, 친근함 같은 어린이의 미덕을 되새기는 기회를 가져 보면 어떨까요?

교육의 본질에
충실한 교육

지금 세계는 새로운 사회로 진입하는 과정에서 수많은 진통과 갈등을 겪고 있습니다. 교육 또한 예외가 아니어서 공교육 전반의 개혁을 요구하는 각계각층의 요구가 봇물처럼 터져 나오고 있지만, 사회적 합의와 공감을 바탕으로 교육 개혁의 방향을 설정하는 일은 결코 쉽지 않습니다. 그러나 어려운 상황일수록 본질을 차분히 돌아보려는 노력이 우리 사회와 교육계 전반에 필요합니다.

앨빈 토플러가 "한국 학생들은 하루 10시간 이상 단순 지식을 위해 허비하며, 한국 교육은 미래 발전 방향과 정반대로 가고 있다"고 말한 것처럼, 세계적인 석학들과 우리 사회의 많은 지성들이 우리 학생들의 삶과 우리 교육의 방향에 대해 깊은 우려를 표합니다. 이제 우리 교육에 수많은 문제들을 낳았던 산업화 시대의 낡은 틀을 벗고, 21세기에 걸맞은 교육 기준을 새롭게 설정하여 진정 가치 있는 교육이 뿌리내리도록 해야 할 때입니다.

교육은 참으로 어려운 일입니다. 현실 교육에서 국가 경쟁력과 교육의 본질, 그리고 개인과 집단의 이해를 함께 만족시키는 길을 찾기란 쉽지 않습니다. 간절하게 변화를 원하면서도 그것이 가져올 갈등과 혼란을 우려하여 관성대로 흘러가도록 놓아 둘 수도 있습니다. 하지만 그래서 더더욱 가치를 생각하는 교육의 실현이 필요한 것이고, 그것을 밑받침하는 책임 교육이 필요합니다.

가치를 생각하는 교육이란 교육을 대상화해 왔던 비교육적인 철학을 극복하는 것을 뜻합니다. 교육의 목적을 교육 자체에 두지 않고 교육을 수단으로 삼아 온 과거 지향적인 철학을 지양해야 합니다. 또, 책임 교육이란 교육가족이 혼연일체가 되어, 자라나는 학생들을 자기 아이처럼 여기고 성장에 따르는 아픔과 고통까지 함께 책임지는 교육입니다.

교육의 목적은 수치로 표현된 단순한 목표를 달성하기 위해 아이들을 통제하고 억압하는 데 있는 것이 아닐 것입니다. 지식의 '하드디스크'를 생산하는 일도 아닙니다. 교육이란 참된 배움에 대한 자발성과 탐구 정신을 북돋우고, 인내와 노력의 의미를 이해하도록 이끌고, 의미 있는 과제에 도전하여 문제를 스스로 해결해 가도록 돕는 일입니다. 학생들이 자기 자신을 존중하면서 공부하고 살아가는 힘을 기를 수 있도록 사랑과 존중을 베풀고 격려하는 일입니다. 학생들이 최선을 다하여 즐겁게 공부할 수 있는 시스템과 환경을 제공하는 일입니다. 또, 공공성에 반하는 개별적 이익을 취해서는 안 되며, 책임과 규칙이 없는 자유는 결코 누릴 수 없다는 점을 어린 시절부터 명백히 가르치는 것도 교육이 할 일입니다.

　새로운 사회는 새로운 감수성과 능력을 가진 사람을 필요로 합니다. 미래의 국가 경쟁력과 인재 경쟁력은 단순한 기능적 지식의 총량에서 나오는 것이 아닙니다. 지식을 대하는 태도와 통합 능력, 그리고 상상력과 창의력에서 나옵니다. 체험이 이성과 결합하고, 직관이 지성과 짝을 이루며, 가슴속의 열정이 머릿속의 냉철함과 자연스럽게 조화를 이루고, 한 분야에서 획득한 지식을 다른 영역에 적용해 새로운 지식을 만들어 내는 창의성이 눈부시게 발현되어야 합니다. 더불어 살아가는 나눔의 삶을 실천하고, 문제를 능동적으로 해결해 가는 인재들이 훨씬 더 필요한 세상이 다가오고 있습니다.

'더불어 행복한 삶'을 위한 교육

최근 100년은 인류 역사상 유례가 없는, 인간 의식의 혁명적 변화가 일어난 때입니다. 산업 발달이 가져온 생존 문제의 해결은 사람들을 봉건적인 낡은 결속 관계에서 해방시켰습니다. 그 결과, 자아의식이 한층 성숙해진 독립적이고 자유로운 개인이 출현하였고, 그 개인의 개인적·사회적 의식은 지금 이 순간에도 '빛의 속도'로 진화하고 있습니다.

'좁은 세상' 이론이 있습니다. 커뮤니케이션과 IT 기술의 발달로, 지구상에서 서로 모르는 두 사람도 평균적으로 여섯 단계만 거치면 결국 전부 아는 사이로 연결된다는 이론입니다. 이는 결국 타인을 나의 경쟁자로만 여기며 살아갈 수 없는 시대가 도래했음을 의미합니다.

이렇게 급변하는 사회에서 올바른 '교육'이란 과연 무엇일까요?

생존이 일차적 관심사였던 산업혁명 이전의 사회에서는 위계적 제도와 권위적인 통치가 지배적인 패러다임이었습니다. 언제나 집단이 개인에 우선했고 개인의 표현 욕구는 집단에 억눌려 드러낼 수 없었으며, 사람들은 말 그대로 '먹고 사는' 문제에 모든 힘을 바쳐야 했습니다.

생존이 불투명할 때, 대부분의 인간이 타인을 위험한 국외자로 생각하며 내부 집단의 배타적 결속을 강화하게 되는 것은 당연한 일입니다. 문화적 다양성은 호기심이 아니라 불안과 위협의 요소가 됩니다. 따라서 '행복'은 곧 '생존을 위협하지 않는 부의 획득'을 뜻하게 됩니다.

토머스 제퍼슨이 미국 독립선언서에 "모든 사람은 양도할 수 없는 행복 추구권을 가지고 있다"는 구절을 집어넣었을 당시에, '행복'이란 '재산의 소유와 축적'과 연관된 말이었다고 합니다.

그러나 지금 인류의 절반 이상은 더 이상 물질적 풍요가 행복의 전제조건이 아닌 삶을 살아갑니다. 경제적으로 안락해진 사람들은 여성, 아동, 청소년, 장애인 등 사회적 약자에 대한 공감 능력을 증대시키고 인종적 · 문화적 다양성을 존중하는 긍정적인 가치를 발전시켜 왔습니다. 결국, 개인의 안정성이 타인과 세상에 대한 공감 능력을 확장시킨 것입니다. 소득수준이 높은 나라에 사는 사람의 83%는 탈물질주의 문화로 옮겨 간 반면, 가난한 나라에 사는 사람의 74%는 생존 가치가 우선하는 문화에 주저앉았다는 연구 보고는 경제적 안정감의 중요성을 되새기게 합니다.

경제적 발전은 '행복'의 기준에 대한 새로운 해석을 낳았습니다. 히말라야의 작고 가난한 나라 부탄의 행복지수가 가장 높다는 뉴스에, 많은 이들이 '행복의 비결'은 과연 무엇인지 다시 돌아봅니다.

영국 경제학자인 리처드 레이어드(Richard Rayard)는 『행복, 새로운 과학에서 얻는 교훈(Happiness: Lessons from a New Science)』이라는 책에서 국민소득 2만 달러가 넘는 나라에서 그 이상의 수입은 행복과 아무런 관련이 없다고 단언해 버립니다. 심지어는 일정 수준의 부를 넘어선 때부터는 부가 늘어날 때마다 불행도 함께 증가한다는 보고가 나오기도 합니다. 세계에서 가장 부유한 국민이 그보다 못사는 나라의 국민보다 별다른 행복감을 느끼지 못하고 심지어 부유해질수록 불행하다는 연구 결과는 세계와 인간 의식에 무언가 중대한 변화가 생겼다는 것을 증명합니다.

결국, 경쟁적인 물질적 가치가 생활의 중심이 될수록 삶의 질은 낮아지고 심리적으로 행복을 느끼지 못한다는 것입니다. 이는 행복이라는 것이 절대적인 것이 아니라 상대적 비교우위에서 비롯한다는 것을 말해 줍니다. 따라서, 위를 보면서 부러워하고 아래를 보면서 뒤처진 사람들을 경멸하는 비교 습관에 기대어 '행복'을 찾는 사람은 누군가와 공감하지 못하고 끝내 불행해진다는 역설적 결론에 도달하게 되는 것입니다.

우리나라 부모들의 교육열을 비롯하여 한국 교육 전반에 대한 버락 오바마 미국 대통령의 예찬은 널리 알려져 있습니다. 그러나 정작 한국에서는 오바마 대통령의 칭찬에 뿌듯한 자부심을 갖는 사람이 그리 많지 않은 것 같습니다. 한국의 교육열에 대한 분석은 여러 가지가 있을 수 있지만, 대체로 산업화 시대의 정서와 논리에 기초한 경우가 많다고 여겨집니다. 교육을 통해서 더 높은 사회적 지위와 경제적 부를 획득할 수 있다는 믿음, 그리고 그것이 자녀들 '행복'의 절대적 조건이 되리라는 믿음은 모든 부모들로 하여금 희생을 전제로 한 '과잉 교육열'을 발휘하게 합니다. 결국, 교육열의 본질은 자녀들의 행복한 삶을 바라는 부모 세대의 기준에 바탕을 둔 '부모의 마음'인 것이겠지요.

그 교육열이 한국의 정치 민주화와 경제성장에 디딤돌이 된 것은 분명합니다. 정부와 사회 모두가 공교육에 박차를 가하여 새로운 경제가 요구하는 전문적·기술적·직업적 능력을 갖춘 사람을 길러 내었고, 보편화한 교육이 사회 통합을 이끄는 원동력이 되기도 하였습니다. 그러나 이러한 경쟁적인 산업사회의 교육 시스템이 만들어 낸 교육열이 과연 앞으로도 여전히 우리 아이들의 '행복'과 국제적 '경쟁력'을 가져다주는 마법 같은 힘으로 작용할까요?

세계에서 가장 많이 공부하고 국제학업성취도평가에서 1, 2위를 다투는 우리 학생들이지만 주관적 행복지수 측정에서 OECD 국가 중 압도적인 꼴찌이고, 많이 배울수록 행복의 조건으로 '가족'보다 '돈'의 비중을 높게 꼽는다고 합니다. 더불어 사는 능력과 자발적 학습 능력은 최하위권에 속하고, 제대로 된 보살핌을 받지 못하거나 성적과 관계를 비관하여 매년 수백 명의 꽃다운 우리 아이들이 스스로 극단적인 선택을 한다는 각종 데이터는 우리를 참으로 우울하게 합니다. 한마디로, 우리 아이들은 이제 더 이상 '행복'하지 않다는 말입니다. 교육감으로서 수많은 학교를 다니고 수많은 부모와 교사와 아이들을 만나면서, 그 누구도 별로 행복해하지 않는 모습에 늘 안타까웠습니다.

이제 우리는 교육열이 높은 나라에서 정작 학생들은 행복하지 않은 이유는 무엇인지 진지하게 물어야 합니다. 모든 것이 '경쟁'이라는 한 단어로 점철되는 지금의 교육이 우리 아이들에게 무한 폭력이 되고 있는 현실을 가슴 아프게 살펴보아야 합니다. 우리는 부모 혹은 선생님으로서 아이들에게 다른 이와 함께하는 '행복'보다는 남보다 돋보여서 홀로 살아남기를 은연중에 강요한 것은 아닌지 성찰해야 합니다. 우리 아이들이 무한 경쟁 속에서 '무한 고립감'을 느끼는 것은 아닌지 이야기를 걸어 보아야 합니다. 모든 부모가 자녀의 행복을 위해서 '올인'하는 사회에서 그 자녀들이 세계에서 가장 불행하다고 느낀다는 것은 참으로 기막힌 역설이 아닐 수 없습니다.

저명한 과학 저널인 《사이언스》에 〈사회적 관계와 건강(Social Relationships and Health)〉이라는 글이 이미 23년 전에 실린 적이 있습니다. 핵심은 "사회관계의 결핍도 흡연, 고혈압, 고지혈증, 운동 부족, 비만과 똑같이 건강을 위협하는 위험 요인"이라는 것입니다. 또한, 미국의 심리학 교수 팀 케이서(Tim Kasser)는 삶의 일차적 동기가 '돈, 이미지, 명성'인 학생이나 사회 초년생들은 그런 가치에 큰 관심을 갖지 않는 사람보다 우울증, 부정적 정서, 약물중독, 신체적 질병과 더욱 밀접한 상관성을 가진다는 것을 밝힌 바 있습니다. 그런데도 여전히 많은 이들이 인생의 성공을 위해서는 이러한 경쟁과 고립은 어쩔 수 없다고 이야기합니다. 현실이 이러한데 내 아이만 뒤처지게 할 수는 없다는 '각오'를 다지며 산업화 시대의 문화와 논리를 강요합니다. 이런 환경에서 우리 아이들이 과연 행복한 인생을 살아갈 수 있을까요?

노벨상 최연소 후보였던 캐나다의 킬버거 형제(Marc & Kraig Kielburger)는 『세상은 당신의 아이를 원한다(The World Needs Your Kids)』라는 책에서 공감과 관용과 배려와 기여에 대해 결코 지치지 않고 이야기를 풀어 갑니다. 용기와 자비심과 공동체 의식을 교육하는 수많은 '살아 있는 사례'를 들려주고, 배려와 기여가 시대에 동떨어진 낡고 식상한 단어, 배부른 사람에게나 어울리는 단어가 아니라 그야말로 우리 아이들 모두를 행복하게 할 수 있는, 21세기를 진정한 일류로, 진정한 세계시민으로 살아가게 하는 열쇠말이라는 것을 설득하기 위해 진정을 다합니다.

동생 크레이그 킬버거는 만 열두 살 때인 1995년에 어린이가 어린이를 돕는 단체인 'Free the Children'을 설립하여 현재 45개국에서 100만 명 이상의 청소년들이 참여하고 있는 세계 최대의 단체로 성장시켰다고 합니다. 형 마크도 같은 단체의 공동 설립자로서, 아동 권리를 위한 활동을 정열적으로 펼쳐 온 사회활동가입니다. 10대 후반에 이미 노벨 평화상 후보에까지 오른 이들 형제는 그러한 힘의 원천이 부모님이

었으며, 결국 부모님이 가장 위대한 스승이었다고 말하고 있습니다.

좋은 교육이란 지식과 지성만이 아니라 온정의 가치를 가르치는 것이어야 한다는 젊은 캐나다 친구들의 진지한 깨달음에, 평생을 교육자로 살아온 사람으로서 마음 깊이 공감하게 됩니다. 또, 지금까지 우리가 아이들에게 무엇을 가르쳐 왔는지, 아이들은 우리에게서 무엇을 보고 무엇을 느끼며 배워 왔을지 끊임없이 되돌아보지 않을 수 없습니다.

부모가 실생활에서 자녀들을 위해 할 수 있는 작은 행동들에 관한 이야기를 읽을 때에는 저 또한 '부모'로서 아프게 자신을 돌아보았습니다. 우리네 부모들은 부모로서 할 수 있는 아주 사소한 '훌륭함' 조차 보이지 않은 채 아이들에게만 '훌륭한 사람이 되라' 고 다그쳐 온 것입니다.

경제적 부가 곧 행복이라는 등식은 더 이상 성립하지 않는 시대가 도래한 것은 분명해 보입니다. 그렇다면 '부 = 행복' 이라는 중독증에서 빠져나오는 길은 무엇일까요? 제 생각에, 거의 유일한 길은 부모의 양육 방식과 우리의 교육을 바꾸는 것입니다.

모든 사람과 사물을 자신의 부와 행복을 추구하기 위한 수단으로 활용하려 들면, 타인은 더 이상 고유하고 특별한 존재가 아니라 개인의 야망을 실현하기 위한 도구적 존재가 될 따름입니다. 그 결과는 주변의 애정과 우정으로부터 고립된, 소외되고 황폐해진 영혼입니다.

부모가 아이에게 충분한 애정과 안정감을 주고, 아이가 마음껏 자기를 표현하게 하고 부모가 그에 적극적으로 반응할 때, 아이는 관계에 대한 신뢰를 바탕으로 자신 있게 자아의식을 발전시켜 갑니다. 그러나 부모가 지나치게 엄격하거나 냉담하고, 애정에 일관성이 없으며, 반응에 무관심하고 걱정만 할 때, 아이들은 예외 없이 정서가 불안정해질 뿐더러 타인에게 인정을 받기 위하여 물질적 가치에 맹목적으로 집착하는 경향이 있다는 것은 이미 수많은 연구 결과가 입증한 바입니다.

과도한 물질주의에 흠뻑 빠진 나라에 사는 사람들은 개인의 이익밖에 모르는 자기 자신에 비추어 다른 사람도 그럴 것이고 따라서 그것이 '인간의 본성'이라고 생각하는 탓에, 더욱더 이기적으로 처신하고 타인에 대한 불신을 강화한다고 합니다.

그러나 킬버거 형제의 책에 붙인 서문에서 달라이라마는 '인간의 본성'에 대하여 다른 견해를 밝히고 있습니다. "모든 사람은 어머니로부터 진정한 자비심의 씨앗을 물려받았기 때문에 더 자비롭고 더 자애로울 수 있는 잠재력을 지니고 있다"면서, 이 '씨앗'들을 가꾸는 '교육'이 필요하다고 말하고 있지요.

우리 아이들이 진정 행복하게 성장하기를 원한다면, 아이가 공감의 감수성을 가지고 올바르게 살아가기를 원한다면, 먼저 우리네 어른들부터, 부모부터 달라져야 합니다. 우리 아이들을 '더불어 행복한 삶'을 위해 다른 사람을 배려하고 공동체에 기여할 줄 아는 사람으로 교육해야합니다. 잘못된 우리 교육 현실을 깨치기 위해 내가 지금 할 수 있는 일을 부모부터 스스로 찾아 나가야 합니다.

‘공감과 소통’의 가치가 우리 사회에 단단히 뿌리내려, 우리 아이들이 ‘행복하게 성장할 권리’를 마음껏 누리는 날이 하루빨리 오기를 오늘도 간절히 기원해 봅니다.

광복절에 생각하는
우리 시대
평화교육

얼마 전, 교육감협의회에서 몇 분 교육감님들과 함께 미국 교육을 살피고 귀국했습니다. 미국과 미국 교육이 지닌 여러 한계에도 불구하고, 학생의 인격을 존중하는 가운데 즐겁고 평화로운 교육을 펼치고자 하는 교육자들의 지성과 실천 노력이 참으로 인상 깊었습니다.

66주년을 맞는 광복절입니다만, 최근의 여러 국내외 상황들을 지켜보는 마음이 무겁습니다. 서울의 무상급식 주민투표가 강행되면서 복지 현실이 왜곡되고 국민들의 편 가르기가 확대되는 것이 그러하고, 미국 신용등급 하락에 따른 나라 경제의 혼란도 안타깝습니다. 특히 영국에서 일어난, 무차별 폭력과 약탈이 자행되는 폭동의 장면은 강 건너 불로 보이지 않습니다. 많은 이들이 사태의 원인을 경제적 양극화에 따른 높은 청년 실업률, 이민자들에 대한 차별, 사회복지 축소 정책 등으로 궁지에 내몰린 가난한 젊은이들의 분노에서 찾고 있습니다. 불평등과 차별이 만든 분노가 발화점에 이르면 폭력과 전쟁으로 치닫는다는 것은 경험적 진리입니다.

폭력과 전쟁이 없는 평화로운 사회가 복지사회이고, 이 사회는 서로 돕고 나누며 사는 문화와 이를 뒷받침하는 정책을 통해 실현됩니다.

마하트마 간디의 말이 생각납니다. 그는 국가를 망하게 하는 사회악으로 일곱 가지를 꼽았습니다. 원칙과 원리가 없는 정치, 도덕성이 없는 상업, 노동이 없는 부의 축적, 인격이 없는 교육, 인간성이 없는 과학, 양심이 없는 쾌락, 희생이 없는 신앙이 그것입니다. 영국은 물론이고, 오늘의 우리 사회에서도 그의 말을 곰곰이 새겨 볼 필요가 있다고 봅니다. 광복과 한국전쟁 이후에도 수십 년간 분단과 냉전이 지속되어 온 우리의 불안한 현실은 '폭력과 전쟁'의 위험을 항상 안고 있습니다. 폭력은 사회적 문화로 전이되거나 유전됩니다. 따라서 사회뿐 아니라 학교와 교실도 이러한 환경으로부터 자유롭지도, 안전하지도 않습니다.

저는 먼저, 우리 아이들에게 가정과 학교에서 평화롭게 살아가는 방법을 어른들이 몸으로, 문화로 가르쳐야 한다고 생각합니다. 더 이상 과잉 이념이나 비이성적 집단 논리로 우리 아이들에게 '반평화의 세계'를 물려주거나 교육해서는 안 됩니다. 자라나는 우리 학생들에게 한반도가,

가정이, 학교가 전쟁과 고통과 불안과 공포의 공간이 아니라 공존과 협력이 따뜻하게 오가는 '평화로운 세상' 이라고 믿게 해 주어야 합니다.

"평화는 무엇보다 어린이들과 전쟁을 하지 않는 데서부터 시작된다."

독일의 유명한 평화 교육가 엔데(Aurel Ende)의 말입니다. 어린이와 청소년들을 가혹한 방식으로 체벌하고 무시하는 어른들의 태도를 '전쟁' 이라고 표현한 것이지요. 그는 심지어 1, 2차 세계대전의 원인 가운데 하나를 어린이들을 무자비하게 다루는 독일의 반평화적 민족성에서 찾기까지 했습니다. 그리고 지금의 독일은 전쟁 경험에 대한 치열한 반성을 통해 평화교육의 새로운 장을 여는 나라가 되었습니다.

서로 존중하고 존중받는 경험을 통해 형성된 인간의 존엄성에 대한 기억들이 평화로운 세상을 만드는 토대가 됩니다. 66주년 광복절을 맞으며, 우리 아이들이 불평등과 차별이 아니라 존중과 배려 속에서 행복하게 성장하기를 기원합니다. 그렇게 성장한 아이들의 힘이 평화롭고 행복한 대한민국의 미래를 열어 갈 수 있기를 진심으로 바랍니다.

'더불어 사는 평화' 는 우리 시대의 소중한 가치로서, 미래 세대의 학생들이 이를 내면화하도록 하는 교육이 꼭 필요합니다. '평화 감수성' 이 충만한 교육을 위하여, 경기도 교육청에서는 2011년 9월 15일 〈경기평화교육헌장〉을 제정 · 발표하였습니다.

세계화와
국제시민 교육

돼지는
행복해야 한다

2010년 말부터 2011년까지 우리 사회를 강타한 구제역과 조류 인플루엔자로 인한 가축의 대량 살처분, 그리고 그로부터 파생된 각종 문제는 크나큰 충격과 함께 여러 가지 생각거리를 우리 사회에 안겨 주었습니다. 어린 송아지들을 살처분하는 수의사와 축산 농가 노부부의 눈에서 흘러내리는 뜨거운 눈물은 어쩌면 눈앞의 이익에 급급한 우리 사회가 흘려야 할 더 많은 눈물의 예고편일지도 모릅니다. 우리가 살아가는 방식을 바꾸지 않는 한, 이름과 모습을 달리하는 또 다른 '구제역'이 다른 영역에서도 언제든 발생할 수 있다는 것이지요.

모두가 글로벌 시대를 말합니다. 교육에서도 글로벌 인재 육성이라는 목표가 지상 과제인 양 거론됩니다. 선진적인 국제 기준에 비추어 우리의 시스템을 정비하는 일, 꼭 필요하지요. 그리고 그를 통해 진정한 경쟁력을 갖춘 인재를 길러 내야 한국 사회에 미래가 있다는 말도 맞는 말입니다. 그러나 우리는 과연 국제 기준을 논할 만한 수준에 와 있는 것일까요? 일찌감치 '동물복지' 라는 개념까지 확립하고 그 대상과 방법을 더욱 구체화하고 있는 유럽 사회를 떠올리면, 우리 사회가 맞닥뜨린 논쟁과 현상의 후진성에 대한 안타까움이 더욱 커질 수밖에 없습니다.

동물복지(animal welfare) 개념은 1964년 영국에서 『동물 기계(*Animal Machines*)』라는 책이 발간되면서 구체화되었습니다. 저자 루스 해리슨은 꼼짝달싹 못 할 만큼 좁은 공장식 농장에서 단지 고기가 되기 위해 밀집 사육되는 소·돼지·닭의 실태를 고발했습니다. 이듬해 영국 정부는 농장동물복지위원회(FAWC)를 구성했고, 이 위원회에서는 1979년 가축에게 보장되어야 할 '5대 자유', 즉 ① 배고픔과 목마름으로부터의 자유, ② 불편으로부터의 자유, ③ 고통과 질병으로부터의 자유, ④ 정상적인 활동을 할 자유, ⑤ 공포와 불안으로부터의 자유를 발표했습니다.

나아가, 유럽연합(EU)은 2006년 가축 성장 촉진제와 항생제 사용을 막았고, 지나치게 비좁은 닭장, 임신한 돼지가 앉았다 일어서는 것밖에 할 수 없는 '스톨 사육' 을 전면 금지했습니다. 네덜란드, 벨기에, 덴마크처럼 국토가 좁은 나라들에서는 가축 분뇨 발생량 등을 제한해 사육 두수를 조절하고 밀집 사육을 억제하고 있습니다. 2001년 영국에서 발생한 구제역으로 유럽 전체에서 600만 마리의 가축이 살처분되면서 10조 원의 피해를 가져온 후의 일입니다.

2010년 11월 29일 안동에서 첫 구제역이 확인된 이후 가축 350만 마리가 살처분되고 방역 관련 공무원 사상자만 사망 3명, 부상자 52명에 이른다는 우리의 끔찍한 재앙은, 단기간의 경제적 이익만을 좇는 사육 방식이 결과적으로는 참혹한 결과를 낳는다는 것을 다시금 확인시켜 준 셈입니다.

비록 동물복지가 인간에게 고기를 제공하는 동물을 대상으로 한다는 한계를 가진 개념이기는 하지만, 비록 도축될 운명이라 하더라도 도축 이전에는 동물로서 최소한의 자유를 누릴 수 있어야 한다는 것이 유럽 사회가 내린 결론입니다. 그와 같은 맥락에서 동물복지론자들이 주장하는 불편으로부터의 자유, 고통과 질병으로부터의 자유, 정상적인 활동을 할 자유는 경제학의 원리에 반하는 것일 수 있습니다. 인간으로 치면 의료보험에 해당한다고 볼 수 있는 동물 방역 시스템도 마찬가지입니다. 경제 논리로 따지면, 가끔 발생하는(우리나라는 2002년 안성에서 발병한 이후 8년 만입니다) 가축 질병 때문에 지자체마다 혈액검사 설비를 마련하고, 충분한 방역 인력을 확보하고, 유효기간이 1~2년인 약품을 상비하는 것은 비효율적이라고 볼 수도 있습니다. 그런데 동물복지론에서는 그와 같은 복지란 인간 사회로 치면 의료보험 같은 것이므로 단순 경제 논리로 따질 문제가 아니라고 주장합니다. 이 주장을 뒤집으면, 모든 것을 상품으로 바라보는 자본주의의 생산성과 이윤 창출 논리만으로는 결국 구제역 재발을 막을 수 없다는 말이 됩니다.

보편적 복지는 이렇듯 인간은 물론이고 궁극적으로는 동물과 자연까지도 함께 행복할 수 있는 방안을 모색하자는 것입니다. 보편적 복지의 방점이 상호 협력을 통해 모두가 행복한 사회를 만드는 일에 찍힌다면, 인간 사회뿐 아니라 동물에게도 그 문이 열리게 됩니다.

인권의 개념을 동물권(animal rights)으로까지 확대해 가면서 지속 가능한 성장을 고민하는 유럽의 사고와 정책은 새롭게 진화하는 글로벌 기준을 보여 줍니다. 세계화를 위한 글로벌 기준은 우리의 편의에 따라 필요한 영역만 차용하는 개념이어서는 안 됩니다. 공감과 공존의 가치를 중심으로 더욱더 보편적인 기준을 마련해 나가는 선진 시스템에 비추어 보면, 우리는 겉으로 내세우는 '글로벌 경쟁력'과는 반대로 어쩌면 '반세계화'의 맨 앞에 서 있는지도 모릅니다.

세계화와
국제시민 교육

'세계화'라고 하면, 대개는 국가 간 무역의 보호 장벽을 허문 자유시장 경제로서의 세계화, 그리고 글로벌화·국제화라는 용어로 통칭되는 사회·교육·문화 등에서의 신자유주의적 세계화 담론을 떠올리게 됩니다. 따라서, 세계화 교육이라고 할 때 보통 사람들이 뛰어난 외국어 구사력, 국가적 부를 창출할 수 있는 비즈니스 능력을 가진 국제 경쟁력을 갖춘 인재 양성과 같은 개념들을 먼저 떠올리게 되는 것도 무리가 아닙니다. 그러나 이런 식의 단순화된 세계화 교육 개념은 교육적 본질을 왜곡할 우려가 있을뿐더러, 강대국에 의한 약소국의 착취를 정당화함으로써 국제시민으로서의 연대를 통해 인류 공동의 가치를 높이는 일을 저해할 우려가 대단히 큽니다.

장하준 교수와 노벨 경제학상 수상자인 미국의 조지프 스티글리츠처럼 신자유주의적 세계화에 반대하는 이들이 공통으로 화살을 겨누는 곳은 세계화의 첨병을 자처하는 (장하준 교수가 악의 삼총사라고 명명한) 국제통화기금(IMF), 세계은행(IBRD), 세계무역기구(WTO) 같은 국제기구들입니다. 그리고 그들이 대립각을 세우는 국제 경제기구는 신자유주의적 시장경제를 일방적으로 밀어붙이는 이들의 운용 주체인 미국과 맞닿아 있습니다. 이것은 보호무역 장벽을 걷어 내는 자유무역을 기반으로 하는 세계화가 결국은 강대국들이 자기 이익을 실현하기 위한 수단에 불과하다는 것을 말해 줍니다.

경제만이 아닙니다. 장 교수 등은 이들 국제기구가 사회와 문화, 교육 등 사회 모든 영역의 전 방위적 세계화를 강요하고, 이를 통해 국제사회에서 강대국의 문화적 헤게모니를 더욱 강화하려는 속성을 가지고 있다고 비판합니다.

대외 의존도가 높은 경제 체질을 기반으로 경제적 부를 창출할 수밖에 없는 우리의 경제 구조상 이러한 세계화에 대한 비판을 전면 수용할 수는 없다 할지라도, 따라서 반세계화까지는 아니더라도, 세계화의 한국적·창조적 수용에 관한 대안적 논의조차 오늘의 한국 사회, 특히 교육 영역에서는 매우 빈곤한 것이 사실입니다.

예컨대, 우리의 현행 교육과정은 대체로 신자유주의적 세계화를 지배 담론으로 받아들이면서 '국제시민 교육'을 이야기하는 데 익숙합니다. 그 반면에, 대항적 세계화 담론에 따른 세계화와 국제시민 교육이란 무엇이고 어떠해야 하는가에 관한 논의는 실체가 불분명할뿐더러, 교육의 영역에서 어떻게 접근하고 내용을 구체화해야 하는지에 대해서는 논의가 더욱 산발적이고 주관적일 때가 많습니다.

프랑스의 사회학자 피에르 부르디외는 『세계의 비참』이라는 책에서 신자유주의적 세계화를 매섭게 비판하면서 다른 형식의 세계화가 필요하다고 주장합니다. 그는 교육 영역에서도 신자유주의적 교육 정책에 내몰린 교사들의 과중한 업무, 교내 무질서, 학생들의 성취도 저하 등으로 무력감에 시달리는 교사들을 섬세하게 살피면서 대안적 세계화를 모색하고 있습니다. 그러나 우리나라 국제시민 교육의 경우, 세계화를 처음부터 끝까지 긍정하는 유의 제도권 담론은 뚜렷한 반면, 진보 진영의 국제시민 교육 담론은 안타깝게도 아직은 상(像)이 명확하지 않은 듯합니다.

그렇다면 대안적, 또는 신자유주의적 세계화에 반대하는 대항적 세계화와 그에 따른 국제시민 교육은 어떤 것이어야 할까요? 이 질문에 답하려면, 먼저 우리가 직면한 지구적 문제가 무엇인지 살펴볼 필요가 있습니다.

모두가 알다시피 지금 지구는 빈곤, 환경 파괴, 계층 간·국가 간 빈부 격차 심화, 교육의 양극화·세습화·신분화, 아동노동 착취, 인권 유린, 독재, 개발 위주의 경제정책으로 인한 에너지 문제, 여성 인권, 소수자 권리, 다국적 기업의 횡포와 착취, 전쟁, 대량 학살과 같은 전 지구적 문제에 직면해 있습니다. 따라서, 가장 일반적인 의미에서 국제시민 교육의 준거는 이러한 '인류 공동의 문제를 해결해 나가는 책임 있는 주체를 양성하는 교육' 이어야 할 것입니다.

좀 더 거시적 관점에서 정의하면, 정의·평등·협력과 같은 인간의 보편적 가치, 문화적 정체성과 다문화에 대한 이해와 같은 다양성의 가치, 환경·에너지·전쟁·기아 문제와 같은 세계적 문제에 대한 관심, 약자의 권리·복지·소통과 같은 세계 문제 해결에 대한 참여의 태도, 국제 기구와 인류 평화에 대한 관심과 세계 지향적 태도 등을 교육을 통해 기르는 방안을 찾는 것이라고 할 수 있겠습니다.

이것을 좀 더 구체화하면, 참여·네트워크의 원리에 바탕을 둔 정치적 민주주의의 확립, 빈곤 퇴치·국가 간 빈부 격차 해소 등 경제 민주주의의 구현, 문화적 다양성을 인정하고 전통을 존중하는 문화적 양식과 태도, 연대 의식과 인권 의식의 보편화라는 사회적 책무, 무상교육 등의 보편적 복지 원리, 환경 보존을 위해 지속 가능한 성장 방식을 생각하는 환경 의식 등을 가르치는 일일 것입니다.

이러한 준거를 바탕으로 각 영역에서 쟁점을 형성하면서, 더불어 사는 세계화에 공감하고 불의에 분노할 줄 아는 시민, 참여하는 시민과 같은 국제시민의 상을 정립하는 것이 국제시민 교육 논의의 출발점이 되어야 합니다.

밀집 사육으로 단기간에 높은 수익을 얻으려던 사육 방식이 결과적으로 참혹한 구제역 파동을 일으킨 것을 타산지석으로 삼아야 합니다. 우리 집단, 우리 민족, 우리 국가의 배타적인 이익만을 추구하는 교육 또한 결국은 진정한 세계화 교육일 수 없습니다. 탁월한 외국어 실력으로 뛰어난 업무 능력을 발휘하는 글로벌 '인재'는 분명 필요합니다. 하지만 그 머릿속에 '인류의 평화와 행복'의 정신이 살아 있어야 비로소 진정한 '글로벌' 인재일 수 있습니다.

혁신학교에서
보낸 하루

2009년 5월 취임하면서 제일 먼저 한 약속이 '혁신학교'를 통한 공교육 정상화였습니다. 임기 동안 경기도 내 2,200여 초·중·고 가운데 약 10%에 해당하는 200여 학교를 공교육 모델 학교가 될 혁신학교로 지정하고 육성하여 우리 교육의 새로운 패러다임을 만들어 보겠다는 야심찬 계획이었지요.

혁신학교는 우리 학교들이 제 기능을 못하고 있다는 뼈아픈 반성에서 출발했습니다. 교육의 본질을 놓치니 수단만 보이고 아이들이 서열로만 보이게 되는 현실, 많은 아이들이 배움에서 마음이 떠나면서 교사도 아이도 학부모도 모두가 피해자가 되는 현실, 부실한 사회적 안전망이 불러온 과도한 사교육비와 무한 경쟁 교육이 몰고 온 관계의 파괴 등 곳곳에 도사린 암담한 교육 현실을 개혁하는 구체적인 성공 사례를 만들어 보겠다는 시도였습니다.

물론, 이러한 노력은 우리가 처음은 아니었습니다. 학교 개혁을 위한 시도와 노력은 모든 정부에서 예외 없이 반복되었습니다. 선진국의 교육 이론을 받아들여 국가 수준에서 새물결운동이니, 열린교육운동이니, 수행평가니, 수준별 교육과정이니, 현재의 미래형 교육과정이니 하는 여러 '운동'을 전개해 왔지만 결국에 남는 것은 운동의 구호뿐, 결과는 성공적이지 못한 경우가 많았고 교육은 갈수록 황폐해져 왔습니다.

왜 그랬을까요? 물론, 우리 교육의 위기와 난맥을 불러온 원인이 워낙 복잡한 데다, 교육에 대하여 이해를 달리하는 다양한 세력들의 갈등을 원만하게 조정해 내지 못한 탓도 있을 것입니다. 그러나 실패의 핵심은 따로 있습니다. 선생님들의 자발성과 열정을 이끌어 내지 못한 채 그때 그때 필요에 따라 관이 주도하여 진행한 개혁이 가진 한계가 크게 작용했음을 간파해야 합니다. 교사를 전문성과 책무성을 발휘하는 지성인 집단으로 여겨 개혁의 주체로 세우기보다는 과제를 주고 평가해서 책임을 묻는 방식으로 진행되었기 때문일 가능성이 큽니다.

따라서, 개혁이 성공하려면 교사들이 교육자로서 자율성과 전문성을 바탕으로 집단 지성을 발휘하면서 각 학교에서 스스로 개혁의 성공 사례를 만들어 낼 수 있어야 합니다. 그리고 이들의 노력을 지지하고 지원하는 학부모와 교육 관청, 그리고 사회 전체의 응원이 일어나야 합니다. 이것이 교육 공동체이고 그 힘으로 교육이 개혁될 때 우리 교육은 지속 가능한 진정한 선진 교육이 될 것이라는 믿음, 이것이 혁신학교에 대한 기본 구상이었습니다.

그러나 이러한 구상은 출발부터가 순조롭지 못했습니다. 첫해, 혁신학교 관련 예산 전액이 교육위원회와 경기도 의회를 거치면서 전액 삭감되는 시련 속에서 2009년 하반기에 13개 학교를 혁신학교로 지정하며 힘겨운 출발을 했습니다. 하지만, 3년이 지난 지금은 상황이 다릅니다. 2012년 현재, 경기도 교육청 지정 혁신학교 154개교(초등학교 76, 중학교 60, 고등학교 18)에 예비지정교 48개교라는 양적 성장을 이루었지요.

3년이라는 길지 않는 기간에 혁신학교가 만들어 내고 있는 가능성은 주목할 만합니다. 혁신학교가 우리나라의 교육사를 새로 써 나가고 있다는 과분한 평가를 내리는 분도 있을 정도입니다. 몇 년 전만 해도 '특목고 유치'를 최우선 교육 공약으로 내걸던 정치인들이 이제는 여야를 막론하고 '혁신학교 유치'를 공약으로 내걸며 표를 호소하는 것을 보면서 '교육적 헤게모니'의 변화를 실감하기도 합니다.

혁신학교가 하나의 '혁신학교 운동'이라는 브랜드가 되어 전국적으로 확산되고 선진 외국에서도 깊은 관심을 보이는 것은 난맥상을 거듭하는 교육 개혁의 새로운 가능성이 그 속에 담겨 있기 때문일 것입니다. 일단은 혁신학교 교사, 학생, 학부모의 교육 만족도가 높은 것으로 나타나고 있습니다. 그리고 그에 따라 자녀가 다니는 학교가 혁신학교이기를 원하는 학부모들이 갈수록 늘어나고 있습니다. 왜 그럴까요? 그것은 혁신학교가 '새로운 공교육에 대한 믿음'을 생산해 내고 있기 때문입니다. 학교 공동체의 뜨거운 노력과 행정력이 결합하여, 그동안 불신의 표적이 되어 온 공교육 현장을 참여와 신뢰의 교육 현장으로 바꾸어 내고 있기 때문입니다.

혁신학교 학부모님들께서 공통으로 하시는 말씀이 있습니다. 아이가 학교생활을 매우 즐거워하고 호기심과 적극성이 향상되었다는 것입니다. 다양한 학습과 체험을 통해 아이가 보고 듣고 배우는 것이 많아지고, 창의력을 길러 주는 탐구 학습 등을 통해 호기심을 키우고, 학습에 흥미를 느껴 적극적으로 참여하면서 성취감을 느낀다는 말씀이겠지요. 이처럼 혁신학교가 우리 교육에서 하나의 새로운 '대세'를 형성하면서 우리 모두가 다듬고 가꾸어야 할 공공의 가치로 자라나고 있는 것은 참으로 고마운 일입니다.

아이들의 이 '행복한 학교생활' 뒤에는 혁신학교에서 살아가는 교사와 학부모들의 뜨거운 열정과 연대의 힘이 자리 잡고 있습니다. 열정과 헌신성으로 충만한 혁신학교 분들을 만나면 언제나 감사와 존경의 마음이 죄송한 마음과 함께 입니다. 많은 혁신학교 분들이 혁신학교에 대한 우리 사회 전체의 시선을 자신의 것으로 받아들이는 사명감을 보입니다. 다양한 학교에서 다양한 사례를 생산하면서 교육 혁신의 희망을 일구어 가는 이분들의 땀방울이 결국은 우리 교육의 미래를 좌우하리라는 예감이 들 때가 많습니다. 퇴근 시간도 잊고 주말도 아랑곳하지 않은 채 스스로 모여서 공개 수업과 자체 토론을 하는 선생님들, 밤늦게까지 함께 모여 진정한 교육이 무엇인지 서로 묻는 학부모님들, 이런 자발적 움직임들이 바로 혁신학교의 힘입니다. 행정적으로 여러 가지 지원책을 모색하고 있지만, 정작 그곳에서 살아가시는 분들의 부담감을 덜어 드리기에는 미흡하겠지요.

지난 5월 7일에는 취임 3주년을 맞아 의정부에 있는 한 혁신 중학교 교육 현장에서 하루를 꼬박 보냈습니다. 교감으로, 교사로 하루를 온전히 생활하면서 혁신학교의 성과와 문제점을 직접 살피고 학생, 학부모, 교사 분들과 모든 중간 과정 생략하고 '민낯'으로 소통하고 싶었습니다.

아침 일찍 출근하여 교장 선생님으로부터 '명예 교감' 위촉장을 받고, 교감으로서 하루 업무를 시작했습니다. 이 학교는 730명 28학급 규모의 도심 속 낡은 학교로, 선호도가 높은 곳은 아니라고 합니다. 지난 2011년 3월 혁신학교로 지정되었습니다. 경기 북부 중등 혁신학교 교사모임이 2010년 7월 포천의 어느 외딴 산장에 모여 밤샘 토론 끝에 '일'을 벌인 결과라고 들었습니다.

10시에 교장, 멘토 교감, 그리고 명예 교감인 '교육감' 저, 교무부장, 행정실장 등 5명이 모인 기획협의회가 열렸습니다. 회의에서는 아버지 모임 행사, 동아리연합 활성화, 학사 일정 변경, 또래학습 활성화 방안에 대한 토론이 이어졌습니다.

교무부장 선생님이 목소리를 높였습니다. "매주 금요일은 교사회의가 정한 메신저 없는 날"인데 지난 주 2명의 교사가 어겼으므로, 그분들의 메신저 사용을 제한해야 한다는 것입니다. 수평적인 관계에서 서로가 서로에게 강제하는 규율은 공동체 질서의 기초일 수 있습니다.

저는 '학습 분위기 조성'과 '학생 건강관리'에 최선을 다해야 한다는 '의례적인 당부'를 '간곡히' 하는 것으로 대신했습니다. 교장 선생님은 학교가 살아나게 한 공을 모두 교사들과 학교 구성원들에게 돌립니다. 수많은 갈등이 있어도 구성원 전체가 난상 토론을 벌이면서 서로를 이해하는 과정을 거치면 거의 다 해결된답니다. 아이들 글과 시들이 벽면을 메운 작은 교장실은 소박하기 이를 데 없는 공간입니다.

그 뒤에 이어진 교육과정협의회에서는 교사들이 이구동성으로 교장 선생님 말씀과 다른 말을 들려줍니다. 교사들이 힘을 낼 수 있는 것은 권위주의를 버린 교장·교감 선생님의 수평적 리더십, 과감한 권한 위임과 행정 업무 경감, 전시적이거나 불필요한 관행을 벗어 던지는 관리자의 교육적 배려 덕분이라는 것입니다. 상호 신뢰가 좋은 학교를 만드는 토대라는 사실을 새삼 확인하게 됩니다.

교육과정협의회는 매우 진지하고 열띤 분위기 속에 진행되었습니다. 5월 10일에 있을 다른 학교 교사들까지 함께하는 '제안 수업', 교과통합 프로젝트 평가 계획, 소풍과 극기 훈련을 새롭게 교육적으로 재구성한 주제통합 기행 준비 상황을 점검합니다.

제가 물었습니다. "학교의 힘은 교사의 힘이라는 것을 알겠다. 선생님들의 교육적 열정이 감동스럽다. 그런데 이 많은 일들을 힘들어서 어떻게 다 해내시는지?"

"원래 교사의 일이라는 게 일이 많아서 힘든 게 아니잖아요? 불필요한 일, 말도 안 되는 일을 해야 하니까 버겁고 힘들어지는 겁니다." 교육과

정부 부장 선생님이 답합니다.

부장 선생님은 "이 학교에 와서 교사로 사는 게 행복하다. 우리 학교에
서는 내가 좋아서 한다"며, "관행처럼 위에서 떨어지지 않고 우리가 의
논하고 우리가 결정한다. 그리고 그 결과가 아이들로부터 곧바로 피드
백된다. 교사로서는 최고로 행복한 '일'을 하는 거다"라고 말합니다. 그
렇습니다. 이것이 혁신학교입니다. 교사가 교육자적 자존감으로 충만할
때 아이들과 가르침에 마음을 쏟게 된다는 것은 교육의 기본 원리에 가
깝습니다.

다른 교사 한 분은 "혁신학교 처음에는 교사들도 교육과정 재구성을
두려워했고, 아이들도 교과서 순서대로 가르치는 기존 방식과 다르니까
왜 이렇게 '드문드문' 가르치느냐고 항의성 질문을 하기도 했지만, 지금
은 다르다. 아이들의 수업 참여도 부쩍 좋아졌고, 수업을 즐거워한다"고
밝힙니다. 또, "수많은 토론을 통해 교사들도 교과서대로 가르쳐야 한다
는 강박감을 버렸다. 중간 지필고사를 과감하게 생략하고 교사별 논술
평가로 대체한다"며, "내 수업은 내가 책임진다. 그리고 서로 나누며 점
검한다. 교사들이 자체로 신문을 발행하여 수업과 교육을 공유한다"고
덧붙입니다.

이어서 1학년 영어와 수학 수업, 주제통합 기행 팀티칭 수업을 참관하
고, 아이들과 함께 급식을 먹었습니다. 이 학교 구성원들은 잠시 짬만
나면 자기 학교 자랑하느라 밥 먹는 것도 뒷전입니다. 진심으로 학교를
사랑하는 사람들만이 보일 수 있는 표정과 언어입니다. 점심 이후에는 1

학년 교사들과 교과통합 프로젝트 생태체험 평가 반성회를 함께 가진 후, 2학년 학생들과 혁신학교에서의 공부와 생활 전반에 대해 대화를 나누며 일정을 마무리했습니다.

지난해 핀란드 헬싱키에 있는 한 학교를 방문했을 때의 일이 떠올랐습니다. 인문계 고등학교 2학년 교실에서 "학교생활이 행복하냐?"고 물으니까 삼십여 명의 아이들 모두가 아무런 갈등 없이 "학교생활과 공부가 행복하다"고 손을 들었습니다. 돌아온 뒤에도 내내 그 모습이 부러워서 기억에서 떠나지 않았습니다. 혹시나 해서 이 학교 학생들에게도 물었습니다. "여러분! 학교생활이 행복합니까?" '요즘 가장 격정적이라는 중2 학생들' 25명 중 대부분이 환하게 웃으면서 손을 듭니다. 참으로 행복했고, 아이들과 선생님들께 감사하는 마음이 뭉클 일었습니다.

혁신학교는 '교육의 본질' 이라는 잣대로 우리 교육의 한계와 문제점을 꼼꼼하게 살피고, 교육 공동체의 건강한 자발성에 힘입어 '새롭고 행복한 학교' 를 만들어 공교육을 살려 내자는 것입니다. 따라서, 혁신학교는 단순히 제도나 정책에 관한 문제가 아닙니다. 우리 교육의 체질과 문화를 근본부터 새롭게 하자는 교육문화 운동이어야 합니다. 일반 국민이 교육과 관련하여 느끼는 고통을 살피는 섬세한 더듬이가 있어야 하고, 버겁더라도 수월성과 형평성을 동시에 고려하면서 횡적 역량 구축을 통한 협력 및 네트워크의 힘을 보여 주는 새로운 교육적 질서를 만들어 내야 합니다. 나아가, 교사와 교사가 서로 배우고, 학교와 학교가 서로 돕고 정보를 공유하면서 교사, 학부모, 학생, 그리고 교육청 간에 신뢰의 문화를 창조할 수 있어야 합니다.

혁신학교는 완성된 학교가 아닙니다. 정책 면에서도 좀 더 현장과 밀착된 정교한 기획과 시스템을 구축해야 합니다. 그럼에도 이미 많은 혁신학교가 많은 사람들의 헌신적 열정으로 생생하게 살아나고 있습니다. 이 힘이 혁신학교뿐 아니라 대한민국 교육의 새로운 힘이 되어야 합니다. 혁신학교의 성공 여부는 우리 교육 개혁의 성공 가능성을 가늠할 리트머스 시험지입니다.

여덟 번째
이야기

공교육
정상화를
위한
제언

진정한 교육 복지는
대학교육 혁신을 통한
초·중등교육 정상화입니다

선거를 앞두고 다양한 교육 및 복지 관련 정책이 발표되고 있습니다. 우리 교육의 대안을 찾기 위한 진지한 모색이 담긴 정책에서 즉흥적이거나 실현 가능성이 불투명한 정책에 이르기까지, 그 층위 또한 다양합니다. 만 5세 이하 아동 보육과 교육비 지원, 고등학교 무상교육, 반값 등록금과 대학 구조 혁신, 아침 급식 실시 등 다양한 교육과 복지 정책이 제시되고 있는 상황을 보면서, 처음부터 수많은 난관을 딛고 교육 혁신과 보편적 교육 복지를 앞서 주장하고 실현해 온 경기도 교육청으로서는 감회가 남다릅니다.

그러나 재정 지원을 통한 교육 복지 확대는 꼭 필요한 일로서 환영할 만하지만, 그것이 우리 교육의 어려움을 극복하는 해법의 전부가 될 수는 없습니다. 진정한 교육 복지는 교육 혁신을 통한 공교육 정상화입니

다. 대학 입시와 대학교육에 예속되어 있는 초·중등교육이 자주적이고
독립적인 교육적 기능을 수행할 수 있어야 합니다. 최근에 국민적 공감
을 얻으며 확산되고 있는 초·중등 혁신교육의 철학과 내용을 담아내고
이어 갈 수 있는 대학교육 혁신이 절대로 필요합니다.

널리 알려진 대로, 우리나라 학생들은 국제학력비교평가에서 최고의
학력 수준을 보이면서도 주관적 행복지수와 학습 흥미도, 국가와 학
교·사회에 대한 신뢰도 수준은 OECD 국가 중 최하위권입니다. 배움
에서 멀어진 아이들은 학교 밖에서 서성이고 있고, 교사들의 자기 효능
감 역시 OECD 최하위권이며, 경쟁 교육과 생활지도에 지친 교사들이
담임을 기피하는 안타까운 현상이 속출하고 있습니다. 학부모 또한 불
안한 노후에 대한 대비보다 당장의 사교육에 막대한 비용을 지출하고
있습니다. 이러한 현실에 비추어 볼 때, 복지비용에 대한 과감한 투자는
행복한 교육을 위한 필요조건일 수는 있어도 필요충분조건은 아닙니다.

교사와 학생, 학부모를 불행하게 만드는 근본 원인을 살펴야 합니다.
교육과학기술부가 발표한 사교육비 통계 자료를 보면, 학부모들은 '취
업 시 출신 대학을 중시' 하는 '심각한 대학 서열화 구조' 와 '대학의 성
적 우수 학생 선발 경쟁' 때문에 사교육이 증가할 수밖에 없다고 답변하
고 있습니다. 이는 결국, 학벌사회와 대학 서열화 경쟁, 학생과 학부모
에게 고통을 가중시키는 입시 체제를 그대로 두고서는 우리 교육의 정
상화가 이루어질 수 없음을 뜻합니다.

80%에 이르는 대학 진학률을 보이는 우리나라는 국민 모두가 대학 교

육의 실질적 이해 당사자입니다. 따라서, 세계 어느 나라보다 대학의 공공성과 공동체성이 회복되고 강화되어야 합니다. 최근의 반값 등록금 논쟁에서 보듯이, 대학의 고비용 저효율 구조와 산업화 논리에 바탕을 둔 대학들의 경쟁적인 시장화 등으로 대학 공공성이 급속하게 해체되는 현실은 곧바로 전 국민적 고통으로 전이되고 있습니다.

저는 그동안 초·중등교육 혁신을 위해 경기 교육가족과 함께 혼신의 노력을 다해 왔습니다. 그러나 입시 제도와 대학 체제가 바뀌지 않으면 초·중등교육의 주체들이 아무리 노력을 해도 혁신의 성과를 내는 데 한계가 있음을 절실히 느끼고 있습니다. 창의지성교육과 배움 중심 수업, 혁신학교 등의 가치와 철학과 내용이 아무리 좋아도 입시 체제가 문제 풀이식 교육으로 훈련된 학생들을 요구하면 많은 사람들은 혁신교육에 대해 불안감을 느낄 수밖에 없습니다.

총체적이고 유기적인 혁신이 필요합니다. 초·중등교육과 대학교육이 맞물려야 합니다. 함께 뜻을 모아야 합니다. 반쪽 혁신, 따로따로 혁신은 곧 한계에 직면하고 말 것입니다. 대학교육과 초·중등교육은 함께 혁신되어야 합니다. 물론, 이러한 대학교육 혁신을 위해서는 정부 재정 지출의 확대가 불가피할 것입니다. 이에 필요한 예산은 OECD 국가 중 정부의 고등교육비 부담률이 가장 낮은 우리의 특성에 대한 국민적 이해와 공감을 얻는다면 증세를 비롯하여 다양한 방안으로 재원을 마련할 수 있을 것입니다.

저는 경기도 초·중등교육 책임자로서, 선거를 앞두고 사회 각 분야에서 다양한 의견이 표출되는 현 시점에서 초·중등교육 정상화를 위해 꼭 필요한 대학교육 혁신 방안을 다음과 같이 제안하는 바입니다.

- **대학의 공공성 회복을 위한 고등교육 정책 기조 전면 재검토**

  국·공립대 비율을 50% 이상으로 높이고, 국·공립대 법인화 계획 중단 및 취소해야

- **대학 서열 체제 완화를 위한 혁신대학 지정·운영**

  권역별로 서울대학교를 하나씩 만들어야

- **초·중등교육 정상화를 위한 대입 체제 개선**

  질 높은 내신 체제를 구축하고 모집 단위별 특성화 전형 확대해야

- **대학생 반값 등록금 실현**

  보편적 방식으로 대학에 직접 지원, 등록금 낮추고 사학부패방지법 제정해야

- **지역균형 선발제와 사회적 배려 대상자 전형 확대**

  지역할당제 방식으로 신입생의 25% 이상 선발, 입학사정관제 제대로 정착시켜야

- **국가직업교육위원회 설치를 통한 전문대학 체제 개편**

  기업과 연계한 전문대학 육성, 재직자 특별전형 확대해야

국민적 공감 위에 교육 혁신 정책 마련, 시 · 도 교육청 및 교과부 위상 재정립해야

1 대학의 공공성 회복을 위하여
고등교육 정책 기조를 전면 재검토해야 합니다

대학의 공공성과 공동체성을 회복해야 합니다. 우리 사회에서 대학의 체제와 역할은 초 · 중등교육에 영향을 끼칠 뿐 아니라 온 국민의 구체적인 삶과 연계되어 있습니다. 그런데도 OECD 국가 중 사립대학의 비율이 가장 높은 우리나라 대학 현실은 공공성의 해체가 매우 심각한 상황입니다. 사립대학이 많다는 미국도 그 비율이 30%에 불과한데, 우리나라는 세계에서 유례를 찾기 어려울 정도로 80%가 넘는 실정입니다. 이러한 사립대학들의 무분별한 경쟁과 대학의 급속한 시장화에 따른 대학의 공공성 해체는 고비용 구조로 이어져, 대학의 국가 경쟁력을 저하시키는 원인으로 작용할 뿐 아니라 국민의 삶에 고통을 안겨 주고 있습니다. 그렇지 않아도 구성비가 낮은 국공립대학에서조차 법인화가 추진되는 상황 탓에, 대학 공공성의 위기는 더욱 가속화하고 있습니다.

대학의 공공성 회복을 위해서는 무엇보다 기형적으로 비대한 사립대학의 비율을 줄이고 국공립대 비율을 50% 이상으로 끌어올려야 합니다. 반값 등록금 지원 등 대학교육에서 보편적 방식의 복지 확대 정책은

사립대학의 국공립화를 촉진하는 중요한 계기가 될 수 있습니다. 아울러, 최근 몇 년 동안 수많은 갈등을 낳고 있는 국공립대학의 법인화 방안은 중단 및 취소되어야 합니다.

우리의 고등교육 정책 기조 전반에 대한 새로운 검토가 필요합니다. 대학은 기초학문과 인문학을 비롯한 학문과 교육 전반의 균형적 발전에 적합한 구조를 갖추어야 합니다. 대학 사회의 구성원은 물론이고 광범한 국민적 의견 수렴 절차를 거쳐 대학 구조를 혁신하는 일은 이제 더는 미룰 수 없는 시대적 과제입니다.

2 초·중등교육 정상화를 위해서는 대학 서열 체제가 완화되어야 합니다

이를 위해서 혁신대학 육성 방안을 적극 검토해야 합니다. 서울 중심의 대학 쏠림 현상은 지방대학을 고사시킬 뿐 아니라 지역의 균형발전에도 전혀 도움이 되지 않습니다. 잘 가르치는 대학을 혁신의 중심 대학으로 선정하여 혁신대학의 모델로 육성해야 합니다. 즉, 권역별로 서울대를 만들 필요가 있습니다. 서울대를 권역별로 만든다는 것은 비유적인 표현으로서, 국공립대를 중심으로 특정 대학을 혁신대학으로 지정하여 서울대 수준으로 육성하면서, 이 대학을 중심으로 권역별 '대학 혁신 네트워크'를 형성하는 것을 의미합니다. 대학 혁신 네트워크란 대학들이 독립성을 유지하면서도 서로 협력하여 연구와 교육을 수행하는 것을 말합니다.

다음으로, 이렇게 형성된 대학 네트워크에 대하여 서울대 수준 이상의 재정적 지원을 해야 합니다. 혁신대학은 우리나라 대학교가 나아가야 할 길과 방향을 제시할 수 있는 좋은 대학이자, 모델링할 수 있는 대학을 의미합니다. 혁신대학은 점수가 높은 학생을 데려오는 일보다는 들어온 학생의 잠재력을 극대화하는 데 관심을 기울이는 대학입니다. 기업들에서 기존의 학벌과 대학 서열주의에 연연하지 않고 졸업생의 역량과 자질을 순수하게 평가하면서 혁신대학을 좋게 평가한다면 취업률이 높아질 것이고, 이 과정에서 선순환 구조를 충분히 만들 수 있습니다. 초·중등교육에서 경기도 혁신학교가 보여 주는 성공 가능성을 대학에도 적용하는 방안을 탐색할 필요가 있습니다.

그다음은 공무원이나 공기업의 채용에서 권역별 할당제를 실시하는 것입니다. 이와 같은 방법으로 서울대 수준의 잘 가르치는 대학인 혁신대학이 권역별로 생겨나면, 대학의 서열 체제가 완화되어 입시 부담이 줄어들고 초·중등교육 정상화가 앞당겨질 것입니다.

3 초·중등교육 정상화를 위한 대입 체제를 모색해야 합니다

평가 철학과 평가관이 먼저 바뀌어야 합니다. 우리의 평가관은 변별력과 공정성·객관성이라는 가치에 기반을 두고 있고, 이러한 가치는 수

능과 같은 시험을 통해 유지됩니다. 그러나 이러한 가치가 지나치게 강조되면서 교육과정과 수업이 입시에 종속되었고, 이는 필연적으로 초·중등교육의 왜곡 현상을 불러왔습니다. 내신 체제 역시 수능과 차별화된 특별한 교육적 기능을 가지고 있다고 보기 어렵습니다.

초·중등교육은 이미 양 중심에서 질 중심의 평가로, 결과 중심에서 과정 중심으로, 서열화를 위한 평가에서 피드백을 위한 평가로 전환되고 있습니다. 이를 바탕으로 더욱 질 높은 내신 체제를 구축해야 합니다. 단순히 국어 점수 몇 점, 몇 명 중 몇 등의 숫자로 표현되는 평가 체제에서 벗어나 국어 과목을 공부하는 과정에서 학생의 특성이 어떠했는가가 기록되고, 모든 대학이 이러한 내신 체제를 존중하는 전형 방식을 정착시켜야 합니다. 아울러, 모집 단위별 특성화 전형의 활성화가 필요합니다. 진로 교육의 관점에서 교육과정과 수업, 평가가 유기적으로 결합되는 체제를 구축해야 합니다.

4 막대한 교육비 부담을 줄이기 위해서 대학생 반값 등록금이 실현되어야 합니다

최근에 우리 사회가 대학생들의 요구에 부응해서 반값 등록금 정책을 만들고 있는 것은 매우 반가운 일입니다. 그런데 반값 등록금은 소득별 차등 지원이 아니라 보편적 방식으로 모든 대학생에게 지원해야 합니다. 무상급식 논쟁에서 본 것처럼, 소득과 관계없이 보편적으로 지원하면서 세금을 더 걷는 것이 보편 복지의 정신입니다.

반값 등록금 정책은 국가 장학금으로 학생들을 지원하는 방식이 아니라 대학에 직접 지원하여 등록금 고지액 자체를 낮추는 방식으로 실시되어야 합니다. 어떤 분들은 사학 비리가 있으니 학생에게 지원해야 한다고 주장합니다. 그러나 학생에게 지원한 돈은 다시 사학으로 들어가므로, 사학 비리는 어차피 뿌리 뽑아야 합니다. 오히려 사학에 직접 지원을 할 때 정부의 엄격한 감독을 통하여 사학의 공공성과 투명성을 높일 수 있습니다. 이를 위해 사학부패방지법이 제정되어야 합니다. 먼저 부패 사학을 뿌리 뽑아 사학의 공공성과 투명성을 확보한 뒤에 재정 지원을 해야 한다는 것입니다.

5 지역균형 선발제와
사회적 배려 대상자 전형을 확대해야 합니다

교육 양극화 현상이 심화되고 있습니다. 그 정점에 대입 제도가 있습니다. 미국에서 여러 사회적 논란에도 불구하고 소수집단 우대 정책 (affirmative action)을 적용하는 이유를 새겨 보아야 합니다. 집단의 다양화가 곧 사회의 발전에 기여한다는 확신을 가졌기 때문입니다. 소위 명문 대학교에 가난한 집 아이들이 들어가기는 매우 어려워졌습니다. 이러한 사실을 우리는 이미 학술적인 연구 결과와 언론 보도를 통해 충분히 알고 있습니다. 지역균형 선발제와 사회적 배려 대상자 전형을 더욱 확대해야 합니다.

현재 서울대학교를 비롯한 일부 대학에서는 지역 인재를 선발하기 위해 지역균형 선발을 통하여 지방 교육의 발전에 상당한 기여를 하고 있습니다. 저는 모든 대학이 서울대와 유사한 지역균형 선발 방식 또는 지역할당제 방식으로 신입생의 25% 이상을 선발하도록 제도화할 것을 제안합니다. 선발 방식은 내신을 중심으로 하되, 현행 입학사정관 제도를 적극 활용하여 창의적인 각 고등학교 교육과정을 입학사정관들이 연중 확인하여 데이터베이스화하고, 학생들의 창의적 비판 능력을 측정할 수 있는 창의 면접이나 논술, 또는 창의 에세이를 권역별로 공동 개발·시행하여 평가에 반영하도록 하는 것입니다. 반값 등록금 정책으로 막대한 정부 지원을 받게 되면 대부분의 사학이 이런 선발 방식에 동의할 수 있을 것입니다. 특히 혁신대학은 지역 인재들에게 학비 부담을 줄여 주면서도 질 높은 교육을 받을 수 있도록 행·재정 지원을 아낌없이 할 수 있어야 합니다.

이렇게 하면 지역별로 초·중등교육 정상화의 길이 열리고, 지역별 교육 불균형 해소의 길이 열립니다. 초·중등학교는 주입식 교육에서 벗어나서 창의적 교육을 할 수 있게 되고, 학생들은 학교교육을 충실히 받는 것만으로도 대학에 진학할 수 있는 길이 한층 넓어질 것입니다. 학부모들이 희망하는 교육을 하는 혁신학교들을 전국에 얼마든지 만들 수 있습니다. 이로써 교육 문제뿐 아니라 수도권 집중, 부동산 투기 등의 경제문제도 해결하고, 지방의 균형 발전도 도모할 수 있게 됩니다.

6 국가직업교육위원회 설치를 통한
전문대학 체제 개편이 필요합니다

오늘날 기술혁신에 따라 직업이 다양화하고 있습니다. 현존하는 직업의 상당수는 불과 수년 전에는 존재하지도 않았습니다. 전문대학이 기업과 연계하여 기업이 요구하는 내용을 중심으로 교육과정을 재편성하여 성공하는 사례가 늘어나고 있습니다. 전문대학 학과도 기술혁신에 따라 끊임없이 변하고 조정되어야 합니다. 저는 고용노동부 장관을 위원장으로 하고 한국경영자총협회와 한국중소기업협회 등이 참여하는 국가직업교육위원회를 설치하여 전문대학을 체계적으로 관리할 것을 제안합니다. 전문대학은 직업교육 기관으로서 기업과 대학을 연결하는 것이 중요합니다.

전문대학 진학이 취업에 유리할 뿐 아니라 졸업 후 사회적 차별도 없도록 한다면, 지금처럼 과도하게 일반대학에 몰리는 현상도 완화될뿐더러 각자의 적성을 살리면서 즐겁게 초·중등학교 공부와 생활을 할 수 있게 될 것입니다.

아울러, 전문대학이 기업과 연계하여 기술교육 습득을 위한 교육기관으로 거듭나는 방안을 찾아야 합니다. 전문대학이란 전문 직업인 양성을 목적으로 설립된 단기 고등교육 기관이기 때문입니다. 또한, 전문대학을 마친 후 대학에서 더 깊이 있는 연구를 하고자 하는 학생들에게는 재직자 특별전형을 통해 길을 열어 주어야 합니다. 전문대학도 당연히 반값 등록금으로 시작할 터이지만, 장기적으로는 정부와 기업에서 교육비를 부담하는 무상교육이 되는 것이 바람직할 것입니다.

7 국가 교육정책 전반을 총괄하는 국가교육위원회 설치와 운영이 필요합니다

국가 백년대계와 직결되는 학문 정책과 대학 혁신 정책을 비롯하여 지속 가능한 국가 교육정책을 입안·실시하려면 (가칭)'국가교육위원회' 설치와 운영이 필요합니다. 국가교육위원회는 부총리급을 위원장으로 하고 여러 교육 주체들이 참여하도록 구성하여, 고등교육 정책을 비롯한 국가의 핵심 정책을 수립하는 일을 합니다. 교육은 백년지대계이고 국가의 장래를 위하여 매우 중요한 일이므로, 소수의 관료들이 교육정책을 결정하지 말고 여러 교육 주체들이 참여하는 기구에서 결정하자는 것입니다. 초·중등교육은 교육자치에 맡기고, 교과부는 정책 집행과 예산 배분, 학교를 지원하는 일을 하도록 위상을 재정립할 필요가 있습니다.

이상의 정책이 잘 실시되어 권역별로 서울대 수준의 혁신대학이 생겨나서 지역마다 잘 가르치는 대학이 중심이 되어 학부모들의 확실한 평가를 받고 신입생의 상당 부분을 지역할당제를 통하여 선발하게 되면, 대학교육 혁신 방안으로 이미 검토되었던 국립대 공동 학위제와 예비

과정으로서의 교양대학 도입 등도 중장기적으로 검토할 수 있게 될 것입니다.

앞에서 제안한 내용 이외에도 우리 교육의 질곡을 극복하기 위한 다양한 해법들이 검토될 수 있을 것입니다. 지금은 우리 교육계와 사회가 국민 생활과 국가 미래에 절대적 영향을 끼치는 교육 영역에 대하여 충분한 의견 수렴과 심도 있는 검토를 통해 근본적인 혁신 정책을 수립하고 과감하게 추진해 나가야 할 때입니다.

대학 서열 구조 완화를 위한 학벌 구조 타파와 대학교육 혁신은 더 이상 미룰 수 없습니다. 대학교육 혁신은 무한 경쟁 교육이 불러온 국민들의 사교육비 고통을 덜어 줌과 동시에, 인성과 학력이 조화를 이룬 초 · 중등교육 정상화의 지름길이 될 것입니다.

이 글은 2012년 3월 2일 기자회견에서 발표한 '초 · 중등교육 정상화를 위한 제안서'를 정리한 것입니다.

초·중등교육 혁신을 위한
열 가지 정책을
제안합니다

1 교육 개혁은 시대의
과제입니다

저는 오늘 우리 교육의 앞날인 초·중등교육 혁신에 대해 간곡한 부탁과 호소 말씀을 드리고자 합니다. 저는 그동안 기회가 닿을 때마다 초·중등교육 정상화를 위한 대학 입시와 대학 구조 개혁에 관한 말씀을 드려 왔습니다.

최근 들어 최대 현안이 되고 있는 학교폭력 문제만 보더라도, 초·중등교육 개혁은 더 이상 미룰 수 없는 시급한 과제가 되었습니다. 이제는 정말로 교육을 바꾸고 새로운 교육 문화를 이루어 학교를 행복하게 해야 합니다.

올해는 향후 우리나라 국가 정책을 결정하는 중요한 한 해입니다. 많은 분들이 우리나라 초·중등교육이 바뀌어야 한다고 말씀하시고, 그동안 수많은 논의가 있었습니다. 하지만 근본적인 변화는 없었습니다. 저는 이처럼 중대한 변화와 전환의 국면에서, 광역자치단체의 교육을 책임진 사람으로서, 진정한 교육 혁신을 위한 핵심 과제를 말씀드리고 이의 실현을 위한 노력에 동참해 주실 것을 부탁드리고자 합니다.

2 세 가지 패러다임 전환이
필요합니다

경기도를 비롯한 여러 지역에서 혁신학교를 통하여 '아이들이 행복한 학교, 학부모가 믿을 수 있는 학교, 교사들이 보람 있는 학교, 지역사회와 더불어 살아가는 학교'를 만들기 위해 노력하고 있습니다. 혁신학교에서는 구성원 전체가 학교가 당면한 문제를 인식하고, 집단 지성을 통하여 비전을 만들고, 변화와 혁신의 리더십을 만들어 내고 있습니다. 이러한 성과를 바탕으로 우리는 학교 구성원들의 힘으로 학교가 바뀔 수 있음을 확인할 수 있었습니다.

그러나 시·도 교육청의 노력만으로는 한국 교육의 패러다임을 전반적으로 바꾸는 데 한계가 있었습니다. 교육 혁신을 위해 올바른 방향이라고 생각하고 집행하려고 해도 법령과 예산의 제약이 많았습니다. 특히, 교육과학기술부의 교육정책은 우리 교육의 여러 문제를 치유하기보다 오히려 심화시키는 경향이 있었습니다.

먼저, 교육을 바라보는 기본 시각을 전환할 필요가 있습니다. 다 함께 잘사는 사회와 행복한 학교를 위해 교육을 보는 철학, 그 패러다임을 바꾸어야 합니다. 저는 초·중등교육 혁신을 위한 국가적 과제로, 다음과 같은 세 가지 정책 패러다임 전환을 제안합니다.

첫째, 개인 부담에서 국가 부담으로, 교육비에 대한 패러다임 전환이 필요합니다.

공교육비를 늘리지 않고 사교육비를 줄일 수 없습니다. 무상급식을 넘어 무상교육으로 나아가야 합니다. 유아교육과 고교 교육도 의무교육에 포함시켜야 합니다. 학급당 인원수를 줄임으로써 개인의 특성을 고려한 교육이 가능해지고 학교폭력이 없는 안전한 학교를 만들 수 있습니다. 아이들 교육에 대한 부담을 덜어야 출산율도 높아지고 고령화 문제도 해결할 수 있습니다. 교육에 대한 획기적인 투자가 필요합니다.

둘째, 경쟁 교육에서 협력 교육으로 패러다임을 전환해야 합니다.

과도한 경쟁 문화가 초·중등교육을 질식시키고 있습니다. 다수 학생을 배움으로부터 멀어지게 하고 있습니다. 서로 돕고 존중하려는 노력이 수업과 학교생활 전체에서 살아나도록 해야 합니다.

점수가 1점이라도 높은 학생을 데려와 등수를 하나 높이는 데 급급한 학교가 아니라, 입학생의 자질과 능력, 역량을 끌어올리는 학교를 만들

어야 합니다. 무엇을 아느냐가 중요한 것이 아닙니다. 무엇을 할 것인
가, 왜 그것을 해야 하는가를 인식할 줄 알아야 합니다.

학생의 삶을 살찌우고 살아가는 힘을 줄 수 있는 교육이 필요합니다.
다른 학생을 어떻게 이길지를 고민하는 것이 아니라, 공동의 목표를 달
성하기 위해 다른 학생과 어떻게 협력할 것인지를 고민하게 하는 교육
과정이 필요합니다.

이를 위해서는 교육과정과 수업, 평가 방식에 근본적인 변화가 필요합
니다. 배움은 고통의 과정이 아닌 즐거움과 행복의 과정이어야 합니다.
교육과정 다양화 및 특성화, 수업 혁신, 평가 혁신이 필요합니다. 학교
란 무엇인가에 대한 근본적인 성찰을 바탕으로 학생 개개인의 건강한
성장을 지원하는 교육이 필요합니다.

셋째, 통제에서 자율로 패러다임을 전환해야 합니다.

한국 교육의 경직성은 관료주의와 중앙집권 교육의 특성에서 비롯하
였습니다. 이 과정에서 학교는 관료 조직의 말단 도구로 작동하게 됩니
다. 학교는 각종 지침과 공문으로 움직이게 되었고, 자율성과 창의성을
잃어버렸습니다. 시·도 교육청의 정책조차 교과부의 각종 지침과 공문
한 장으로 무력화될 때가 있습니다. 교과부는 한편으로는 자율을 말하
면서도 다른 한편으로는 교육청과 학교를 끊임없이 통제했습니다. 단위
학교의 자율적 실천 공간을 제도적으로 더욱 열어 주어야 합니다. 창의
성 있는 학교는 자율이 보장될 때 만들어집니다.

3 혁신 과제 해결을 위해
   열 가지 제도화가 필요합니다

제대로 된 교육을 위해서는 수많은 개혁 과제를 해결해야 합니다. 가계를 위협하는 사교육비, 심화되는 대학 서열화 현상, 한계를 명확히 드러내는 문제 풀이식 교육, 특수목적고 및 자율형 사립고 확대에 따른 일반계 고등학교 슬럼화 현상, 학교폭력의 심각성, 배움으로부터 도망치는 학생 등을 생각할 때 교육자로서 그 책임으로부터 자유로운 사람은 아무도 없을 것입니다. 저는 그 과제 해결을 위해 가장 우선적으로, 꼭 실현되어야 할 열 가지 제도화를 제안하고자 합니다.

첫째, 과밀학급을 없애고, 학급당 인원수를 25명 이하로 만들어야 합니다.

교육과정 다양화 · 특성화, 학생 수준에 맞는 개별지도, 학생의 건강한 인격 형성을 위한 생활지도를 위해서는 학급당 학생 수 감축이 반드시 필요합니다. 학령인구 감소로 저절로 학급당 학생 수가 감축되기를 기다리는 것은 악순환의 반복일 따름입니다. 교육 환경을 능동적으로 개선하여 출산율을 높이는 선순환 구조를 만들어야 합니다.

OECD 학습 환경 지표들을 보면 대다수 국가에서 학급 규모를 15~20명 정도로 유지하고 있습니다. 핀란드 교육문화부는 교사가 학생 한 명에게 투여하는 시간을 충분히 확보하기 위하여, 20명 이상으로 운영되는 학교의 학급당 학생 수를 줄이기 위해 2011년에 3천만 유로(약 457

억 원)를 투자하였습니다.

'25'라는 숫자로 상징되는 선진 교육으로의 진입 문턱을 이제는 반드시 넘어야 합니다.

둘째, 지방교육재정교부금 비율을 높여야 합니다.

최근에 중등교육이 당면한 어려움의 큰 원인은 교원의 절대적 부족에서 찾을 수 있습니다. 교사에게 학생 개개인의 욕구와 수준에 맞게 지도하고 상담할 것을 요구하는 기대치는 갈수록 높아지는데 교사가 감당해야 할 학생 수는 여전히 많습니다.

중등 교사의 법정 정원 확보율은 2010년을 기준으로 78.6%에 머무르고 있습니다. 전체 학교로 보면, 전문 교사 배치율은 상담교사 4.2%, 사서교사 4.8%, 보건교사 57.8%에 불과합니다. 발달단계가 느린 학생의 배움을 지도하기 위한 학습 보조 인력 확충도 시급한 과제입니다.

교육에 대한 국민적 관심이 높은 데 견주어 공교육비 지출 수준은 낮기 때문에 사부담 공교육비와 사교육비가 증가할 수밖에 없습니다. 사교육 부담 수준이 공교육에서 성패를 좌우하는 상황이라, 국민 모두가 많은 교육비를 부담하고도 성과에 대한 만족도는 매우 낮습니다.

최근에 우리 사회에서는 교육 공공성 강화를 위해 보편적 교육 복지를 확대하자는 담론이 형성되고 있습니다. 이 시점에서 현행 〈지방교육재정교부금법〉 개정을 통해 내국세의 20.27%에 머무르고 있는 지방교육재정교부금 비율을 끌어올리려는 노력이 필요합니다.

셋째, 유아 및 고등학교 무상교육, 국가가 책임지는 무상급식을 실시해야 합니다.

우리나라에서는 거의 모든 학생이 고등학교에 진학하고 있습니다. 대다수 OECD 국가들처럼 의무교육 연령을 높이고 고교 무상교육 도입을 서둘러야 합니다.

공무원과 공기업 및 대기업 직원의 자녀들은 고등학교 수업료와 등록금 지원을 받고 있으나, 경제적으로 더 어려운 도시 영세 자영업자와 중소기업 근로자들은 오히려 고등학생 자녀의 등록금과 수업료를 고스란히 부담하고 있습니다.

여야가 모두 당 정강·정책으로 '고교 의무교육'을 명시하는 방안을 추진하고 있습니다. 국민소득 2만 달러가 넘는 나라의 국격에 맞게 교육기본법 제8조(의무교육)를 개정하여 고교 무상교육을 실시해야 합니다.

아울러, 유아 무상교육도 실시해야 합니다. 유아 교육비 부담은 곧 출산율 저하와 연결됩니다. 국공립 보육시설을 과감하게 늘리고, 무상교육을 실시해야 합니다. 또한, 지방자치단체가 책임지고 있는 무상급식을 국가가 책임져야 합니다.

넷째, 자율형 사립고를 폐지하고 특수목적고를 정상화하며, 혁신학교를 늘려야 합니다.

특수목적고와 자율형 사립고 입시 성과는 사실상 선발효과에 기인한 것입니다. 혁신학교를 통해 선발효과보다는 학교효과가 더욱 중요하다는 교훈을 얻었습니다. 들어온 학생의 수준과 상관없이 잘 가르치는 학교가 필요합니다. 우리 동네 학교, 바로 우리 아이가 다니는 학교를 좋은 학교로 만들어야 합니다.

더 특별한 교육을 필요로 하는 학생들을 대상으로 하는 영재학교 운영은 어느 정도 필요합니다. 그렇지만 특목고와 자사고는 전면적 재검토가 필요합니다. 어학 인재를 양성하겠다는 목적으로 설립된 외국어고는 지나치게 입시에 특화되었습니다. 또한, 사교육비를 여전히 많이 유발하고 있습니다. 자사고를 폐지하고 특목고는 본래 목적에 맞게 학교 운영을 정상화해야 합니다.

평준화 체제가 학력을 저하시킨다는 주장은 학문적 근거가 없습니다. 전국적으로 평준화 체제를 도입하고, 일반계 고등학교나 특성화 고등학교의 질적 혁신을 위해 노력해야 합니다. 이를 위해서 교육과정 특성화와, 학교에 대한 과감한 투자를 제안합니다. 진로 교육의 관점에서 교육과정을 의미 있게 설계하고 이를 각 대학교에서 편견 없이 보아 준다면, 질 높은 고교 평준화 체제를 구축할 수 있습니다. 이러한 정책은 고교 진입을 위한 사교육비를 줄여 줄 것입니다.

전국의 학교를 혁신학교로 만들어야 합니다. 혁신학교는 단위 학교별로 만든 4년간 학교 운영 계획서를 엄격히 심사하여 선발합니다. 학교 혁신 의지가 있는 학교에 과감히 행정, 재정 지원을 할 필요가 있습니다. 전국의 11,000개 초·중·고를 혁신학교로 만들기 위한 정책 플랜을 가동해야 합니다.

다섯째, 국가 수준 학업 성취도 평가를 개선해야 합니다.

국가 수준 학업 성취도 평가의 근본 목적과 취지는 학습 부진 학생을 찾아내 이들을 지원한다는 것입니다. 그러나 실제로는 수업과 평가 체제를 왜곡하고, 문제 풀이 교육을 반복하게 만들었습니다. 또한, 국가 수준 학업 성취도 평가의 철학과 가치에 동의하지 않는 교사에 대해서는 과도한 탄압도 가해졌습니다.

국가 수준 학업 성취도 평가는 전수조사가 아닌 표집조사로 충분합니다. 학습 부진 학생은 단위 학교 교사들이 가장 잘 압니다. 학습 부진 학생들을 지원할 수 있는 독서 멘토링, 학습 보조교사 투입, 꿈과 비전 찾기 프로그램, 학습 클리닉 등 체계적인 지원 시스템을 단위 학교와 교육지원청 내에 구축하는 것이 더욱 시급하고 중요합니다.

여섯째, 지방교육자치 활성화가 필요합니다.

헌법, 교육기본법, 지방교육자치법은 포괄적으로 교육자치를 규정하고 있습니다. 그렇지만 하위 법령 체계인 대통령령, 교과부령, 교과부 행정 지침 등이 매우 세부적인 내용까지 규정함에 따라 교육자치의 근본이 흔들리고 있습니다.

그동안 무상급식, 무상교육, 학생인권조례, 국가 수준 학업 성취도 평가, 교원 평가, 교원 징계, 자사고 지정, 시 · 도 교육청 예산 편성 자율권 등의 사안과 씨름하면서 교육자치의 가치를 지키는 것이 얼마나 어려운 일인지 실감하였습니다.

중앙정부의 권한 범위를 명확하게 재규정하고, 시·도 교육청의 권한을 구체적으로 명시해야 합니다. 초·중등교육에 관한 사항은 교육감 권한으로 기준을 명확히 규정한 후, 자율성을 최대한 보장하는 방향으로 교육자치권을 강화해야 합니다.

예컨대, 신학기를 코앞에 두고 교과부가 지침이라는 형식으로 단위 학교 교육과정 변경을 요구하는 것은 이해하기 어렵습니다. 단위 학교 교육과정의 자율성과 다양한 교육 활동이 보장되도록 국가 수준의 교육과정은 대강화와 유연화를 지향해야 합니다. 대강화된 교육과정을 교육청과 단위 학교, 교사가 창의적으로 재구성할 수 있는 풍토가 만들어질 때 교육의 다양화는 이루어질 수 있습니다.

시·도 교육청과 단위 학교에 교육과정 편성의 자율성을 부여할 때 진로 중심 교육과정, 역량 중심 교육과정, 창의지성 교육과정 등 역동성과 창의성이 보장되는 교육적 시도가 이루어질 수 있고, 그 과정에서 우리 교육은 한 단계 도약할 수 있습니다.

일곱째, 교과부의 시·도 교육청 평가는 폐지되어야 합니다.

현재 교과부에서 실시하고 있는 시·도 교육청 평가는 지역 특성을 고려한 평가 항목과 지표 개발이 미흡하여 단위 학교의 자율성을 크게 저해하고 있습니다. 교과부에 의한 시·도 교육청 평가가 시·군 교육지원청 평가 기준을 좌우하고 시·군 교육지원청 평가가 학교 평가 기준을 정하는 한, 대한민국 교육에서 전시 행정은 결코 사라질 수 없습니다.

현재 교과부의 시·도 교육청 평가 지표는 교과부 각 부서의 정책 우선순위를 기준으로 만들어지기 때문에, 지표가 아무리 잘 만들어지더라도 학교는 바뀌지 않습니다. 단위 학교 구성원이 그 학교가 당면한 문제를 찾아내고 목표를 공유하고 교육과정을 만들고 공동으로 실천하지 않는 한, 변화를 만들어 내기는 어렵습니다.

경기도 교육청에서는 학교 평가를 획기적으로 바꾸었습니다. 단위 학교 구성원들이 한 해의 교육 활동에 대해서 논의를 통해 진단·평가하고, 이를 바탕으로 다음 학기와 차년도 교육 계획을 수립해야 합니다.

여덟째, 아동·청소년인권법 제정이 필요합니다.

경기도 교육청은 교사의 교권과 학생의 학습권이 상호 존중되는 학교 문화를 만들기 위하여 2010년 4월 교권보호헌장을 공포하고, 같은 해 10월 학생인권조례를 공포하였습니다.

학생인권은 새로운 학교 문화를 만들어 내고 있습니다. 학생인권조례는 제정 과정에서 어려움이 있었고 정착 과정도 쉽지 않았지만, 시간이 지날수록 긍정적인 효과가 많이 나타나고 있습니다. 체벌 없이도 교육이 가능하다는 점이 입증되고 있고, 교사와 학생 간에 불필요한 갈등도 줄어들고 있습니다. 무엇보다, 학생자치회가 활성화되고 있습니다.

이제는 학교뿐 아니라 가정과 사회에서 아동·청소년의 인권을 소중하게 생각하고 능동적으로 책임질 필요가 있습니다. 대한민국 국회는

1991년 유엔 아동권리협약을 비준하였습니다. 이 협약은 가정과 학교, 사회가 아동의 인권을 존중하고 보호하도록 하는 포괄적 내용을 담고 있습니다. 그렇지만 많은 내용이 사문화되거나 실제로 적용되고 있지 못합니다.

초·중등교육법 18조 4항을 보면 "학교의 장은 헌법과 국제 인권규약에 명시된 학생인권을 보장해야 한다"고 규정하고 있습니다. 이들 법과 협약은 국내에서도 말 그대로 지켜져야 할 '법'입니다. 이런 법적 사항을 확실히 하고 아동·청소년 인권이 실질적으로 보호될 수 있도록, 이제는 입법부 차원에서 아동·청소년인권법 제정을 서둘러야 합니다.

아홉째, 교장 임용 제도가 바뀌어야 합니다.

교장 임용 제도는 형식적으로는 승진형과 공모제형으로 나뉘고, 공모제형은 내부형·초빙형·개방형으로 나뉩니다. 그러나 실질적으로는 기존의 승진형 임용 제도의 골간을 그대로 유지하고 있습니다. 하지만, 승진 가산점이 높은 교사가 근무평정 점수를 잘 받아 승진하는 제도는 그 한계가 확실히 드러나고 있습니다.

근무평정에 바탕을 둔 승진 제도와 내부형 공모제 간의 공정한 경쟁을 통해, 어떤 제도가 학교를 바꾸는 데 유용한지 철저히 검증할 필요가 있습니다. 내부형 교장 공모제는 자율과 경쟁의 가치에도 부합됩니다.

입법부의 노력으로 교장 공모제에 관한 법적 근거가 만들어졌지만, 교과부는 이 제도 시행에 대단히 소극적일 뿐 아니라 제도의 확장을 제한하고 있습니다. 관점을 적극적인 방향으로 전환해야 합니다. 교장은 학교 혁신에서 매우 중요한 역할을 합니다. 교과부의 전향적 자세를 촉구합니다.

열째, 잘 가르치는 교사를 많이 양성하고 교원 자율성을 존중하는 시스템 정비가 필요합니다.

교사가 교육을 바꿉니다. 학교 현장 변화에 능동적으로 대처하고 교육의 질적 우수성을 담보할 수 있는 우수한 교사의 양성은 매우 중요한 일입니다.

교사 양성과 교육 현장에 대한 적합성 제고를 위해 교사양성대학과 학교교육 현장의 연계를 강화해야 합니다. 학교와 교사양성기관이 협력하여 교사 양성 교육과정 공동 개발, 교사와 교수의 팀티칭 및 공동 연구, 교사의 교사양성대학 파견근무제, 교·사대 학생의 교사 도우미 제도 등과 같은 연계 활동을 강화할 필요가 있습니다.

학교와 교원을 바꾸기 위해서 교과부에서는 다양한 평가 체제를 도입하였습니다. 성과급제, 교원 능력개발 평가, 근무평정제가 대표적인 예입니다. 성과급제는 도입 취지와 달리 구성원 간 갈등으로 이어지거나 형식적으로 운영되기도 합니다. 학교 성과급은 교육 활동 전체의 긍정적 변화를 추구하기보다는 성과지표 위주의 교육 활동에 얽매이게 합니다. 또한, 정규직 교사에게만 성과급을 지급함으로써 비정규직 차별이라는 부작용도 초래하고 있습니다. 성과급을 수당으로 전환하고 과감하게 폐지해야 합니다.

교원 능력개발 평가는 교사들의 수업을 개방적으로 바꾸고, 학생과 학부모가 교사의 특성에 대해 피드백을 줄 수 있다는 장점이 있습니다. 그러나 단위 학교의 엄청난 노력에 견주어 과연 도입 초기에 기대했던 목표를 달성하고 있는지 의문입니다. 장점은 살리면서 단점은 보완할 수 있는 제도 개선 논의가 필요합니다.

근무평정제를 개선해야 합니다. 근무평정제는 교사들의 승진 및 인사에 결부된 민감한 제도입니다. 그런데 현행 근무평정제에서는 교장과 교감이 차지하는 평가의 비중이 대단히 크고 동료 교사의 평가는 영향력이 미미합니다. 그리고 학생과 학부모는 평가에 아무런 영향도 주지 못합니다. 수업과 학급 운영을 잘하는 교사가 우대받을 수 있도록 근무평정제를 획기적으로 개선해야 합니다.

장기적으로는, 학교의 평가 체제를 하나로 통합해야 합니다. 지금은 여러 평가 체제가 난립해 있을뿐더러 중복 평가의 성격도 짙습니다. 중복성 평가 항목을 대폭 정리하고, 학교에 존재하는 각종 평가 체제를 일원화할 필요가 있습니다.

현행 교과별 평가는 교사들의 교육과정 및 수업, 평가에 관한 권한을 위축시킬 수밖에 없습니다. 교과별 평가와 달리 교사별 평가는 특정 교사가 책임을 지고 자신이 들어간 반의 평가 체제를 책임지는 방안입니다. 교사별 평가는 교사들의 교육과정 기획력과 구상 능력을 높이는 데 유용합니다. 아울러, 단위 학교별 교육과정 다양화에도 기여할 수 있습니다.

교사별 평가는 학교별 교육 내용의 표준화 · 획일화를 막아 주기 때문에 사교육이 따라붙기 어렵습니다. 무엇보다, 교사와 단위 학교에 자율성을 부여하기 때문에 교육과정 다양화 및 특성화에 기여합니다. 나아가, 우리나라의 고질적인 입시 교육 병폐를 완화할 수 있는 대안이기도 합니다.

고등학교에서 부담스럽다면 초등학교와 중학교 단계부터 시작함으로써 교사별 평가에 관한 노하우를 축적할 필요가 있습니다. 교사별 평가가 온전히 시행될 때 내신의 질적 변화를 가져올 수 있을 것입니다.

이 글은 2012년 3월 6일 기자회견에서 발표한 '초 · 중등교육 정상화를 위한 제안문'을 정리한 것입니다.